經典理論、刺激實驗、日常案例

心理學
哪有這麼懸

十六位心理學大師用最風趣的語言
與你來場親密對話

陳玉新·著

目錄

目錄

目錄

目錄

序一

　　心理學是一門研究人類心理現象及其影響下的精神功能和行為活動的科學，兼顧突出的理論性和實踐性。

　　心理學包括兩大領域，分別是基礎心理學與應用心理學，其中涉及知覺、認知、情緒、思維、人格、行為習慣、人際關係、社會關係等許多領域的研究，同時也與日常生活的許多方面，如家庭、教育、健康、社會等相關聯。

　　可以這麼說，一方面，心理學嘗試用大腦運作來解釋個體基本的行為與心理機能，同時也嘗試解釋個體心理機能在社會行為與社會動力中的角色。

　　另一方面，心理學還與神經科學、醫學、哲學、生物學、宗教學等學科有關，因為這些學科所探討的生理或心理作用會影響個體的心智。實際上，很多人文和自然學科都與心理學有關，人類心理活動其本身就與人類生存環境密不可分。

　　心理學家從事基礎研究的目的是描述、解釋、預測和影響行為。應用心理學家還有第五個目的 —— 提高人類生活品質，這些目標構成了心理學事業的基礎。

　　心理學是一門基礎性學科，在研究心理學的基本理論時，更講究

序一

其學科普遍適用的原則和方法。同時，心理學又是一門工具性學科，它在犯罪學、教育學、邏輯學、社會學等多個學科領域，都造成了基礎性的作用，心理學的重要性可見一斑。

面對「心理學」這個龐大的科學概念時，你是否感到手足無措，無從下手？聽到心理學幾個字時，你是否會感到困惑和迷茫？

其實，了解心理學並不難，心理學也能變得妙趣橫生，本書就是這樣一本通俗的大眾心理學讀物。

本書主要圍繞生活中經常出現的心理問題（或心理現象），選取了十六位享譽國際的心理學名家，將他們的觀點以通俗易懂的方式介紹給讀者。

第一章，是著名心理學家、精神分析學派創始人佛洛伊德對於「做夢」這個常見現象的心理學解析。他用科學但不乏幽默的方式，為我們揭開了夢的面紗。

第二章，是心理學家巴夫洛夫對於反射行為的研究。他用各種生活中的小案例，幫我們解釋了人的一些反射行為是如何產生的。

第三章，是行為心理學家史金納對於人類行為的研究。讀者將會在本章中看到史金納用他特有的理論對人類行為所做的剖析。他讓我們明白，人類的很多固有行為其實都是生理本能在作怪。

在此之後，還有榮格對性格形成的研究，馬斯洛對需求滿足的講解，費希納對人類本能的剖析，艾賓浩斯有關記憶的研究，比奈有關智力的理論，施奈德對錯覺的解析，霍爾對情緒的講述，賽里格曼對

快樂的揭祕，馮特關於恐懼心理實質的探索，羅傑斯對變態心理的追問，華生關於刺激的實驗，史坦伯格對愛情的看法，以及津巴多對時間的研究。

十六位心理學大師帶我們逐一揭開了一系列心理現象的神祕面紗，讓我們對人類的心理有了一次從頭到尾的「參觀」。

本書能夠引導每一位讀者入門，不管是對心理學略知一二的族群，還是零基礎的讀者，本書都能讓你讀過之後，面對心理學不再望而生畏。

本書包含了心理學基礎原理、常用術語、經典理論、專家介紹、性格特徵、情緒特點、本能問題、條件反射、記憶與遺忘、聯想與錯覺、智力、時間、行為與刺激等內容，是心理學愛好者的理想讀本。

當前，心理學也面臨了全新的形式。因此，對新出現的心理學問題，本書也為讀者們做出了詳細的解讀，這是新趨勢下讀者們的需求，也是對心理學的延伸和拓展。

此外，本書還有六大特色：只講心理學常識，以實用性為主；採用課堂教學手法，講解心理學知識；提出有趣的心理學現象；將心理學專業術語化繁為簡；深入淺出的解析心理學理論；配以圖片，讓讀者更容易理解。

心理學是一門讓人收穫智慧與幸福的藝術。當你在社交的時候，最優先考慮的一定是心理學。因為心理學跟你的生活息息相關，無論是學習、工作，還是婚姻等，心理學知識和原理無處不在。

序一

　　本書的重點不在於教授讀者那些深奧的理論，或者讓讀者學會用繁雜的知識來分析心理問題，而在於逐步引導讀者，讓讀者能像心理學家一樣思考，用心理學家的思維去思考問題，用心理學方式去解決問題。

　　本書能讓你學會選擇，正確決策，理性生活。心理學是聰明人的選擇，請翻開本書，開始你的心理學之旅吧。我們期待與您的更進一步的交流！

序二

夏曉楠是心理學系大二學生。每天的活動場所除了宿舍、餐廳，就是教室。這種三點一線式的生活方式讓他感到有些無聊。

一日，夏曉楠的同學張棟興叫他來醫院一趟。夏曉楠有些驚訝：這小子莫非生病了？

到了醫院，看見生龍活虎的張棟興，夏曉楠疑惑道：「你叫我來幹嘛啊？」

張棟興一臉神祕：「別說話，我帶你去個地方。」

夏曉楠被張棟興拖著來到醫院的地下一樓。幽暗的燈光讓夏曉楠聯想到了驚悚片中的場景。

「你到底帶我去哪裡啊？」夏曉楠忍不住問道。

張棟興笑容滿面的推開一扇大門：「看在我倆多年好友，你又是讀心理系的份上，我才帶你來的，這是我無意中發現的祕密基地……」

大門一打開，吵雜的聲音立刻在夏曉楠耳邊響起。定睛一看，夏曉楠才發現，這間地下大廳裡竟然坐滿了人。

大廳的正前方，站著一位神色嚴峻、鬍鬚花白的教授。

這個人，夏曉楠再熟悉不過了。

因為幾乎每本心理學的基礎教材中都有他的照片 —— 佛洛伊德。

序二

　　看著夏曉楠詫異的目光以及快掉到地板上的下巴，佛洛伊德教授忍著笑，故作嚴肅的點點頭：「門口的同學，快進來坐好，我們的課程馬上就要開始了……」

第一章
佛洛伊德講「做夢」

　　本章透過五小節，用幽默風趣的文字、詼諧易懂的配圖，為讀者詳細講述了潛意識的心理作用。其中羅列了佛洛伊德的基本著作、名言名句，並對其進行了詳細解讀。適用於渴望了解潛意識，以及飽受失戀苦惱的讀者。相信您閱讀本章後，一定會有所收穫！

西格蒙德・佛洛伊德
(Sigmund Freud)

奧地利精神病醫師、心理學家、精神分析學派創始人。

佛洛伊德是心理學界公認的開創者之一，他原本在維也納綜合醫院擔任醫師，從事腦部疾病的研究與診斷工作。在工作中，他逐漸發現了醫療在身體疾病之外的應用，從而開啟了對人類心理的研究。

佛洛伊德獨立開創了潛意識研究新領域，促進了動力心理學、人格心理學和變態心理學的發展，奠定了現代醫學模式新基礎，為二十世紀西方人文學科提供了重要理論支撐。

第一節　人為什麼會做夢

　　夏曉楠剛坐定，佛洛伊德教授就開了口：「前幾年，一部名叫《全面啟動》的電影自上映以來票房一路飆紅，在全球各地都獲得了一流的口碑，上映僅三週，其票房就突破 6 億美元大關，是那一年當之無愧的票房冠軍。李奧納多精湛的演技，也讓全世界掀起了一陣做夢的狂潮。」

　　一位男同學點點頭：「不錯，那段時間，我身邊的很多人都特別痴迷有關解夢和盜夢的事情。」

　　佛洛伊德教授微微一笑：「那麼，你們知道人為什麼會做夢嗎？」

　　大家都陷入了思考。

　　佛洛伊德教授捧著一本《夢的解析》笑呵呵地說：「想像一下這個場景：

第一章　佛洛伊德講「做夢」

春風輕拂，櫻花飄落，一個笑靨如花、傾國傾城的姑娘迎面走了過來。突然，一個身高八尺，長著一臉青春痘還帶著一副牙套的男子衝進畫面中，舉起一盆仙人掌，單膝跪地大喊『×××，我愛你，你可以做我女朋友嗎？』只見那姑娘翻了一個白眼，『做夢去吧你』，然後頭也不回地轉身走掉了。」

「幾千年前的原始時代，人類社會對世界的認知可謂少之又少，那時的人們習慣於把自己不理解的事物與神靈連繫在一起。對他們來說，做夢是天上的神仙或者死去的人要以夢為媒介給他們一些指引抑或暗示。」

「可是，真的是這樣嗎？」夏曉楠問。

「當然不是，」佛洛伊德說，「在我這本《夢的解析》中，有我對做夢理論的解說 —— 夢，是願望的達成。」

夏曉楠問：「可是，為什麼我們的願望要依靠夢去實現，而不是憑藉自己的努力在真實世界中完成呢？」

佛洛伊德回答：「這是由於這些願望大多是被能力、道德或法律限制的，所以我們不能或者不願在現實生活中去實現它們，於是最終我們的意識便將它們寄託在了夢境中。」

在佛洛伊德的世界觀裡，人的思想行為被定義為慾望與滿足。吃喝拉撒睡都是慾望的一種，而且十分容易得到滿足，但是還有另外一些慾望是不太容易滿足的，夢便是這些不能滿足的慾望的反射。（見圖 1-1）

「舉個簡單的例子，一個人被判了無期徒

在睡覺的時候，你總會夢到一些理解不了的事情，這時候你就要思考了，在清醒狀態下，你到底有什麼想都不敢想的欲望。

圖 1-1　夢是慾望的反射

刑，天天思念自己剛出生的小女兒和漂亮的妻子，那麼對於他來說，這種見到家人的慾望是很難被滿足的，所以沒有什麼比『越獄』，或者『家庭團聚』更好的主題適合他的夢境了。讓我們再回到上文的那個例子。那個表白被拒絕的男生，非常有可能日後在夢中與那位姑娘攜手白頭。」

「好了，經過之前的層層鋪墊，現在，讓我們來具體分析一下，人為什麼會做夢。」

根據夢的內容與慾望的不同，佛洛伊德把夢的來源大致分為三種。

「第一種是白天產生了情緒波動，卻因為一些外界因素而無法滿足自己的意願，把這種留有遺憾的意願留到了夜晚去滿足。這種意願需要具備兩個特點。第一，必須是被自己認可的；第二，意願被外界因素抑制住了，沒有實現。」

「我們還是用那個痴情的一臉青春痘的男生來舉例。假設，這個男生被心愛的姑娘拒絕之後，某一天他正垂頭喪氣地走在街上，一抬頭，突然看到心上人和一個高富帥手拉手並排走在街上，兩個人有說有笑，臉上洋溢著幸福的表情。不用想，我們的男主角肯定十分憤怒，恨不得衝上去把那個情敵揍一頓。可他轉念一想，自己過去之後很可能揍人不成反被揍。唉，君子報仇十年不晚，先回家制訂一個作戰計畫然後再來吧。於是他咬咬牙恨恨地離開了。當天晚上，他就極其有可能夢到自己把那個高富帥給美美地揍了一頓，而且還在臉上踹了兩三腳，真是大快人心。這就是我們常說的『日有所思，夜有所夢』。」（見圖 1-2）

第一章　佛洛伊德講「做夢」

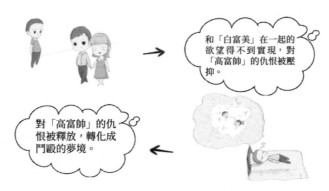

圖 1-2　日有所思，夜有所夢

「揍人這種想法是被『痘痘』男承認又由於其他因素而抑制住的，進而這些沒被實現的想法就成了他心底騷動的慾望，這種慾望就是我們說的第一種夢的來源。」

夏曉楠問：「那麼，第二種呢？」

佛洛伊德：「第二種是有可能發生在白天，卻遭到排斥，便留到晚上去實現的意願。與第一種不同的是，第二種意願是在自己意識到之後從意識中被驅逐出去，不被自己認可的。」

「我們繼續假設如下場景：那個倒楣的男主角心灰意冷地在街上漫步，一抬頭，突然看到他的白雪公主和那個高富帥手拉手逛街。這次姑娘穿的是吊帶小背心和超短裙，那風情萬種的美看得『痘痘男』兩眼直發光。這時，他的腦海裡悄然冒出一個想法——立刻衝過去，推倒漂亮的姑娘然後暴風雨般的一陣狂親。當然，這個齷齪且因此而有可能被揍的想法剛剛產生，就被他的意識給否決了。於是，男生又恨恨地走了。這天晚上，男生搞不好就會夢到女神和自己在親熱。這種被意識否定的慾望，就是剛才所講的第二種夢的來源。」

夏曉楠崇拜地看著教授：「我覺得您說得非常有道理。那麼，第三種呢？」

佛洛伊德清了清嗓子：「嗯，我們再接著舉例說明：某天晚上，男主角躺在床上開始回想白天看到女神的情節，想著想著，他的注意力竟轉移到了高富帥身上，他覺得『情敵』還挺好看的，而且溫柔，細心，大方，有氣質……他睡著了，並且夢到了自己和高富帥交往的情節。顯然，這種想法相比於前兩種更加不被允許，甚至連他自己都沒有意識到其實自己喜歡的是男人。

這就是無法突破潛意識系統，不能走進意識範圍內的第三種願望。通常情況下，第三種願望只會在夜間出現。這也就解釋了為什麼有時候我們會夢到一些不易理解的東西。比如，一個害羞、不愛說話的女孩夢見自己在頤和園裡放聲高歌，或者自己變成了一條毛茸茸的小狗。這都是因為我們潛意識裡的一些被我們抑制住或者未曾主觀發現的意願在夢中釋放的結果。」

緊接著佛洛伊德教授又以講故事的方式強調了另外一種特殊夢境。

在佛洛伊德很小的時候，他曾經做過一個特別神奇的夢。他夢到自己走進了一片茂密神奇的大森林，有會飛的天使姐姐在他身邊唱歌，還有小精靈陪他玩耍。正在高興之際，佛洛伊德突然想上廁所。可是他跑遍了整個森林都找不到公共廁所，最後實在堅持不住了，躲在一棵高大的松樹後面解決了問題。

第二天起床後，他覺得屁股底下好像溼溼的，伸手一摸，放到鼻子底下一聞，原來是自己尿褲子了。

講到這裡，佛洛伊德教授尷尬地咳嗽了兩聲，趕緊解釋，「不要笑，不要笑。這種情況是每一個人都經歷過的，就是在夜間隨機產生的慾望衝動，比

第一章　佛洛伊德講「做夢」

如，想上廁所或者口渴。還有，相信每個人都有過聽到鬧鐘而依舊睡過頭的經歷。有些時候我們會把外界的聲音誤認為是自己夢裡發出的並試圖在夢裡找到合適的解釋，比如，睡覺時聽到敲鐘的聲音我們會夢到『鐘』來使夢境合理化，又比如大家聽到早起獨特的鬧鈴或者感覺到早晨的陽光後，會開始做自己已經起床的夢。而上面所舉的例子，也就是我剛才要說的一種特殊夢境的起源 —— 外界的刺激。即在做夢時，經由外界生理信號刺激做夢者而導致做夢者潛意識將生理信號的訊息編入夢境從而改變夢境。」

不得不承認，在佛洛伊德的幫助下，人類對夢境的認識有了一個很大的進步，儘管還有許多地方對於我們來說是未知的，不過最起碼，現在我們知道了夢到想上廁所而尿床根本不是什麼上天的指引，更不至於再像古人那樣把一切夢境都和神明連繫在一起。

第二節　潛意識讓你這樣去做

佛洛伊德教授走進教室，看了看滿眼期待的同學們。

「在上一節有關夢的章節中，我們曾提到過一個詞，叫做潛意識。很多人對這個詞並不陌生，因為我們在莫名其妙地做了一些選擇之後，往往會說『我也不知道為什麼，潛意識讓我這麼去做的』。可是，究竟什麼是潛意識呢？」

見同學們都在搖頭，佛洛伊德說：「作為提出潛意識概念的第一人，鄙人應該是最有話語權的。

在心理學中，與潛意識共同存在的另一個對立事物叫做意識。

意識是指人類可以認知或已經認知到的部分，而潛意識自然就是指那些

在正常情況下根本不能變為意識的東西，好比一些被我們壓在內心深處而無從意識到的慾望。

我就是潛意識，我是佛洛依德的孩子，我存在於每個人的腦海裡，我的使命是——替你們背黑鍋！

圖 1-3　潛意識

比如，『我是人』這句話是所有人都已經認知到的觀點，所以被稱為意識。而『我是一隻從 M78 星球跑來拯救地球的野生鹹蛋超人』這種想法就不容易難被大眾接受或者意識到，但是極有可能，它就潛藏於我們內心的深處卻沒有被我們發覺山來，這就是潛意識。」（見圖 1-3）

為了更為全面地解釋「潛意識」這個詞，佛洛伊德引入了另外兩個概念，「前意識」和「無意識」。

「『前意識』和『無意識』都是潛意識的分支。『前意識』是可以透過回憶或者思考被我們召喚出來的。相比於『前意識』，『無意識』就比較雜亂無章，就像一隻無頭蒼蠅在四處亂撞。」

看著同學們一臉茫然，佛洛伊德運用了一個比較好理解的比喻來解釋人的意識結構。

「人的意識組成好比奢華的總統套房。在總統套房的最裡面，有次序地坐著幾個西裝革履、文質彬彬、一表人才的『老大』，這就是我們的意識。而在總統套房的門口，則簇擁著一堆亂七八糟的人，他們拼了命地想擠進來。門口站著一個守衛，檢測外面的這些人是否合格，能否進入。有的人儘管衣衫襤褸，但是好歹有個人樣，就可以進入接待室等待下一步審查，這些人就是『前意識』。剩下的一些，噴火龍，食人花，獅身人面獸，皮卡丘，不知道

是什麼物種的，就是『潛意識』了。（見圖1-4）」

「雖然潛意識是被排斥在意識門外的，但其實在很多時候，它們會偷偷地跑進來，干擾或者幫助我們的行為活動。我們會做一些奇怪的夢，或者說一些被稱作『口誤』的話，比如把兩個人的名字說反，這些都可能是潛意識的表現形式。（見圖1-5）因為非常有可能，我們的潛意識認為這兩個人是相像或者相同的。」

夏曉楠問：「那麼，我們的口誤都是潛意識在作怪嗎？」

佛洛伊德點了點頭：「不僅僅是夢和口誤筆誤，在一些選擇上，我們也會受到潛意識的影響。

圖 1-4　潛意識和前意識

口誤的根源都是來自潛意識，如果你把同事小龍的名字叫成了小籠包，那你一定是餓了。

圖 1-5　口誤是潛意識在作怪

一次午休，教室裡的一個同學在跟另一個同學討論一部新上映的電影。其中一個說『這部電影特別好看，主演的那個誰誰特別帥，男神啊，而且劇情驚心動魄的！』你坐在一邊享受你的午飯，只是依稀聽到了幾個字眼，但你的潛意識已經認定了那部電影挺好看的。幾天之後，你朋友約你去看電影。這時，你的潛意識就跑出來，『幫助』你理所當然地選擇了那部電影。其實你早就忘記了那天午餐時聽到的話，根本不知道為什麼會這麼做。」

同學們不由得點了點頭，仔細回想了一下自己的生活，發現生活中有數

不清的選擇都是依靠潛意識做出的。

比如，對於不同牌子的商品的選擇，上廁所選擇的隔間，在餐廳時座位的選擇，等等。當我們無法根據意識尋找到確切的答案，或者心中所想的「選哪個都差不多，隨便選就好」時，潛意識就會出來代替我們做決定。這些選擇並不是毫無根據的，它們都是生活中一些小事的反射，只不過身在其中的我們沒有注意到而已。

夏曉楠突然舉起手來：「教授，我這裡有一個案例！」

夏曉楠說：「我十分喜歡看電視劇《愛情公寓 4》，裡面有一集好像就涉及潛意識。呂子喬被高薪聘請當勵志師，把錄製好的勵志影片放到網上來幫助大眾獲得正向的心態。影片中，呂子喬一本正經，眼睛裡滿是堅定地大聲朗誦『你是個處變不驚的女孩，小小的挫折不會影響你的嫵媚，自信在你心中，而你在我眼中，記住，天使與你同在，你本來就很美』。」

「這集的熱播一時間為很多女孩帶來無窮的正能量。一名上班族穿著黑色窄裙，自信滿滿地朝公司走去，過馬路的時候不小心被絆倒了，起身時裙襬被撕裂了一塊。這一畫面引來了周圍路人的嘲笑。尷尬之中，女孩心中由於那段『你本來就很美』的劇情而產生的潛意識讓她驕傲地起身，果斷地把遮過膝蓋的裙子沿著裂縫一下扯成超短裙，大步向前走去。丟下一旁看傻了眼的路人。」

佛洛伊德教授十分認同夏曉楠說的：「由此可見，我們的潛意識會產生一些我們之前沒有考慮到的辦法或者觀點，許多時候，它們會在我們猶豫不決時帶給我們有益的幫助。」

說到這兒，突然有學生站了起來：「既然潛意識這麼厲害，那麼我們乾脆

第一章　佛洛伊德講「做夢」

什麼也別想了，就靠潛意識去做事，不是更好嗎？」

　　佛洛伊德教授笑著說：「提出這個問題的同學，不要那麼著急下結論，這個問題的答案，我讓夏曉楠幫我回答。」

　　夏曉楠接著說：「那就讓我們繼續聽完剛才那一集的下半部分。呂子喬的室友張偉正處於愛情和事業的雙低谷，不但女朋友跑了，而且他自己也被公司『請』回家反思自己的行為。無意之中，他看到了呂子喬錄製的勵志影片，於是徹夜溫習這段影片。幾天之後，當朋友們再看到他，他正裹著浴巾，敷著面膜。只見他一扭一扭地走到眾人中間，蹺著蘭花指給自己泡蜂蜜水。呂子喬問他又吃錯什麼藥了，他嬌滴滴地說『你們男人真討厭』。」

　　張偉的這一系列詭異行為的導火線就是呂子喬錄製的那段影片，只不過傷心過度的張偉忘記了那些影片是專門為女性錄製的。晝夜不分地長時間觀看導致他的潛意識認為自己是一個柔弱、需要被保護的女性。最終使得一個陽剛之氣十足的大男人『變成』了一個矯柔造作的小女孩。」

　　佛洛伊德看著發問的同學：「你聽明白了嗎？潛意識是可能會給我們帶來一系列不必要麻煩的。如果單純地憑藉潛意識去做事，那好不容易從猴子進化成人的我們豈不是又要退回到當初，跟猴子一樣，純靠潛意識去吃飯，睡覺，哪天來興致了還要跟隔壁的老虎叔叔單挑一下。

　　意識與潛意識的對立存在是生物選擇進化的結果。說白了，意識好比冰山露出來的那個尖尖角，是經過嚴格篩選才形成的，而潛意識則是沉在水底的部分，更像是一個神祕大世界，什麼奇珍異獸都能找到。只可惜，我們現在對人類的理解並不完善，若真能開發出運用潛意識的方法，那定是另外一種無窮的力量。」

此時，下課鈴響起，佛洛伊德教授剛好講完。

第三節　　在夢裡還能保持冷靜嗎

一早的課堂上，夏曉楠和同桌正在討論他昨晚的噩夢。

夏曉楠：「我夢見自己被人拿著刀子追殺，一路狂跑卻又死活甩不掉背後的人。」

同桌：「那麼，你有沒有想過回頭和追你的人打一架呢？」

夏曉楠：「是啊！為什麼我不打個電話報警呢？為什麼不轉身跟他打一架？為什麼不能冷靜地想一想解決辦法，而要毫無目的地四處亂撞呢？」

圖 1-6　夢是被潛意識控制的

正在大家疑惑的時候，佛洛伊德教授站了出來：「夢是人潛意識的表現形態，夢裡的舉動是被潛意識控制的。潛意識怎麼可能冷靜下來呢？」（見圖1-6）

的確如此，自從佛洛伊德提出他的夢理論之後，人們對夢的研究一直未斷過。可惜，佛洛伊德教授無緣看到在他離去以後，人們對於夢的新突破—— 清醒夢。

「清醒夢和白日夢不同。我們常說的白日夢是人們在清醒的狀態下幻想一些不切實際的行為，比如：超能力，一夜暴富，屌絲追到女神，這些都是白日夢，是在非睡眠情況下發生的。

　　而清醒夢是指做夢者能在睡夢中保持意識清醒的狀態，擁有思考能力和記憶能力，甚至有的人可以清楚地知道自己身處於夢境中。

　　通常情況下，清醒夢發生在睡眠中的無意識狀態，不過也有可能會發生在臨近入睡時，或者睡醒前。對於後兩種情況，人的大腦會處於有意識的狀態，可是身體卻無法活動，這種情況被中國人稱為『鬼壓床』。」

　　「鬼壓床？」很多同學都露出了不可思議的表情，「沒想到教授您還是一個迷信的人呀！」

　　「當然不是！」佛洛伊德教授說，「『鬼壓床』當然是不科學的，一些研究表明，這是大腦的一種自我保護狀態。因為睡覺的時候，人的意識薄弱，思維不清晰，身體的隨便移動是極其危險的。

　　現實生活中，當我們進入睡眠後，我們身體的活動範圍很小，可是在夢中，我們卻可以真實地體驗到跑步、走路，以及飛翔等感覺。當身體的運動被大腦抑制的時候，我們的意識感覺就會主觀地被麻痺。

　　儘管處於睡夢中，我們依舊可以感覺身臨其境。這也就解釋了為什麼大部分的夢都不是清醒夢。多數情況下，由於夢中栩栩如生的畫面和感覺，我們很難察覺到自己其實是在做夢，並且對自己夢到的東西深信不疑，不管它有多離譜。就好比當我們出現幻覺的時候，我們也常常會以為那就是真的。（見圖1-7）

圖 1-7　夢與白日夢

　　但是，如果我們掌握了做清醒夢的方法，就可以在夢中隨心所欲，就算夢境再怎樣真實也可以使頭腦保持清醒理智，甚至可以控制自己的夢境。」

　　「真的可以嗎？」夏曉楠問。

　　佛洛伊德答：「很多人都表示自己曾經做過清醒夢，而且大多發生在童年。不過就算你沒有做過清醒夢或者早已忘記類似的經歷也不用擔心，因為做清醒夢是可以透過日常訓練培養出來的一種能力。下面，就教給大家一個新技能 —— 如何在夢中保持冷靜的頭腦。

　　掌握清醒夢的第一步就是要辨別出自己是否處於夢境中，現實測驗就是一種常見的分辨方法。

　　由於我們的一些舉動在睡夢中得到的結果和現實生活中會不一樣，所以我們要充分利用這一點，在清醒的時候練習一些技巧來幫助自己了解到自己正在造夢。比如，我們可以閱讀一些文字，記住大致內容之後望向別處，過一會再閱讀那些文字的時候如果發現內容改變，那就證明自己正處於夢境中。不光是文字，圖片、手錶上的時間等都可以成為檢驗的好辦法。

　　第二種辦法就是按一下檯燈開關或者照一照鏡子。通常在夢境中，燈光很少會正常，而鏡子中的影像都是十分模糊、扭曲的，甚至你會在鏡子中看到不真實的東西。不光如此，我們還可以透過夢徵象來辨認自己是否身處夢中，夢徵象包括行動、背景和形狀。

　　當你或者你身邊的人做了一些違背常理，抑或打破科學規律的事，例如你一出門看到滿街的男女老少都穿著裙子出門，或者你能掙脫地心引力的束縛騰空飛起之類，不用想，你一定是在做夢。這就是從行動夢徵象來辨認。

　　背景夢徵像是指你所處的地方或者你面對的情況非常詭異。形狀夢徵像

第一章　佛洛伊德講「做夢」

是指做夢者或者其他夢中出現的角色的形狀十分古怪，包括服飾、髮型、體型之類的。還有，可能你還會看到不遠處的自己和別人聊天，吃飯，等等。

「這些夢徵像在夢中看起來很正常，但只要我們留意，就可以很好地幫助我們區分夢與現實。」

聽到這裡，有同學問：「那麼，就是這些了嗎？」

佛洛伊德搖了搖頭，接著說：「然後，我們還需要一些技巧來引導出清醒夢，其中最簡單的方法叫做清醒再入睡。為了增大獲得清醒夢的機率，很多人會等自己身體十分疲憊時睡覺，然後設定好鬧鐘，讓自己睡五個小時再起來，清醒一個小時後再入睡。這也就解釋了為什麼很多人早晨剛起床的時候可以清楚地記得夢裡的內容。

還有一種有效的辦法就是週期調校技巧，即透過對睡眠週期的調整來培養在夢中的警覺性。假如你正常的起床時間是 7 點，那麼某一天早上你調好鬧鐘 5 點半起床，起床之後對自己進行現實測試。如此重複訓練一週，你的身體已經養成在 5 點半到 7 點之間保持清醒的習慣，並且會不由自主地為自己進行現實測試。

除此之外，很多人還借助一些儀器，透過外界的刺激來幫助自己實現清醒夢。我們睡覺時聽到的一些聲音，眼睛接觸到的燈光在夢中也會展現出來。引導清醒夢的儀器就是利用了這一點，當它感知到造夢者正在造夢時便會發出閃動的光線，而這些光線可能在夢中就變成了閃動的車燈，以此來提醒造夢者正處於夢境中。」

聽了教授的講解，有些同學開始躍躍欲試了。夏曉楠也打算晚上就試試教授講的方法，看看能不能在夢裡和心愛的明星來一場約會。

第四節　現實中真的能「盜夢」嗎

「你是來殺我的嗎?」

「我知道這是什麼……」

「我之前見過,那是在很多很多年以前,在一個已經記不清的夢裡,我見過他。」

「那個人有一些激進的想法。」

正當同學們聚精會神地看著夏曉楠和張棟興的表演,遠處傳來了佛洛伊德教授的腳步聲。

佛洛伊德清了清嗓子:「剛剛兩位同學表演的是奧斯卡獲獎電影《全面啟動》中的經典對白,由李奧納多‧狄卡皮歐主演的柯布帶著一把槍和一枚精緻的小陀螺,一身狼狽地出現在了齋藤的面前。在夢境中度過數十年的齋藤此刻已然變成一位白髮蒼蒼的老人。沒有人知道這麼長時間的輪迴中他經歷過什麼,他眼神空洞,死死地盯著那枚從未停止旋轉的小陀螺。」

「李奧納多年輕的時候可真帥呀!」很多女同學低聲自語。

佛洛伊德教授接著說:「這部電影劇情錯綜複雜,講述的是一位名叫柯布的造夢師穿梭於現實與夢境之間,利用夢境來盜取一些重要訊息的故事。

劇中,柯布告訴我們,造夢者在夢中可以與別人的潛意識交流從而盜取別人的意識,還可以建造某些安全地方,比如銀行、保險庫或者監獄,意識會不知不覺將保密的訊息放進去,然後進行入侵盜取。

我曾經提到過夢是潛意識的一種表現,大家還記得嗎?」

第一章　佛洛伊德講「做夢」

在夢中，我們所看到抑或是經歷的許多東西都是潛意識的反射。由此可見，如果別人真的可以進入我們的夢中，的確是可以竊取一些我們的觀點、想法或者祕密。（見圖 1-8）可是問題在於，別人想竊取的訊息很難就是我們夢中可能會出現的訊息。

如果我們可以讓別人進入原本設定好的夢中，那麼極其有可能我們就能竊取一些有用的資訊。

圖 1-8　人的夢中確實隱藏著訊息

人們想去竊取的訊息一般都是至關重要的，影響著企業存亡或者政局變動，價值至少上千萬的機密。

然而，根據我對夢的研究，人們做夢只不過是在夜晚滿足自己白天由於各種因素的影響而未達成的慾望罷了。

如果一個石油大亨的兒子白天剛剛參加完一場十分重要的期末考試，一直到晚上睡覺前，他都在思考自己試捲上的某一道數學題是不是算對了，那麼晚上他的夢境百分之八十都是有關於這場考試的。」

夏曉楠突然站起來：「我知道了，這時候，好不容易搞到盜夢者柯布的夢境分享儀器的那個竊賊，原本打算進入這位石油大亨兒子的夢中，查看一下他們家保險櫃放哪裡了，結果翻到的內容全部都是一元二次函數和隔壁同桌冒著生命危險傳過來的小紙條。這樣一來，竊賊豈不是竹籃打水？」

佛洛伊德教授讚賞地看著夏曉楠：「對，就是如此。電影中柯布等六位盜夢者從來都是把要竊取的目標邀請到已經提前設定好的夢裡面，而不是傻不拉唧地進入別人的夢中。」

「所以，如果我們可以讓別人進入原本設定好的夢中，那麼極其有可能我們就能竊取一些有用的訊息或者像柯布那樣在別人腦子裡面植入一個觀點。只可惜對於這方面，《全面啟動》中並沒有詳細介紹。」

聽到這裡，同學們不懷好意地調侃佛洛伊德：「如果科技足夠發達，作為潛意識理論的先驅者和解夢大師的教授，不知道他當年是否會選擇做一個盜夢者呢？」

佛洛伊德教授恨鐵不成鋼地答道：「笨蛋，就算沒有那些高級儀器，我們還可以催眠啊！」

「噢，對！當年的佛洛伊德可是特意拜高師學習過催眠術呢！」同學們恍然大悟。

相比於電影中的那些盜夢，催眠術這種東西聽起來好像還離我們的生活近一點。19 世紀，在鐘錶盛行的那個年代，許多心理醫生在面對一些過於糾結或者迷失自我的患者時，就會從襯衫內側掏出鐘錶放到患者眼前，開始振擺運動。有的時候，還會用溫柔的聲音描述一些畫面，加快催眠進度。

回想過去，放眼當下，儘管有據可查，可是催眠術這個詞離我們的生活好像越來越遠，已經成為一種類似神話的存在了。」

有同學問：「佛洛伊德教授，為什麼今天沒有人用催眠術去盜取訊息呢？」

佛洛伊德：「這個，這個可能是因為科技發達，現在大家都改用手機看時間了，我們總不能來回晃手機吧。

好了，讓我們再回到《全面啟動》這部電影中去。這部電影另外一個吸引人眼球的亮點就是結局。

第一章　佛洛伊德講「做夢」

　　雖然柯布的妻子在夢境與現實中迷失了自己，以為自己依舊身處夢境之中，以至於跳樓身亡。而柯布也因妻子的死被驅逐出境，再也沒看到自己的兩個可愛的孩子。不過幸運的是，在齋藤的幫助下，他終於如願以償，回到了家人的身邊。他再一次隨手轉起了那個小陀螺，然後就轉身陪孩子去了。鏡頭也就鎖定於此，陀螺永不停息地舞蹈，沒有人知道它最後到底有沒有倒下，也沒有人知道柯布是不是依舊處於一個夢境中。

　　在電影裡，柯布曾講到過，『我們做夢的時候，夢境是真實的，只有到醒來的時候才會意識到事情不對勁。每個人都不會記得夢從何而起，我們總是直接插入到夢中所發生的一切。』事實的確如此，我們都很少記得夢的開始。如此一想，其實我們每個人都不記得三四歲以前的事情，會不會是因為我們正處於一個夢境之中呢？」

　　有些同學已經被完全搞暈了，「難道真的如此嗎？」

　　佛洛伊德教授笑著說：「另外一部好萊塢大片《駭客任務》講述的也是一個類似的故事：那時的社會已經被高科技所控制，擁有智慧的電腦在人類的腦海中創造出近乎真實的景象以及相對應的感知，讓人類永遠生活在夢境中並且毫無察覺。人類的身上被插著形態各異的管子來輸入營養液，他們對真實世界一無所知，只是活在一個永遠不會醒來的夢境中。（見圖 1-9）」

圖 1-9　盜夢空間

　　夏曉楠打斷佛洛伊德教授：「這兩部電影儘管風格不同，看起來好像是天方夜譚，卻又引人深思。那麼，這種情況真實存在的可能性有多少呢？」

　　佛洛伊德：「相信每一個人都經歷過這樣的事情：當自己在睡覺的時候，身邊有人大聲地說了一句話或者發出點什麼聲響，這些聲音都會傳入自己的夢中與夢境結合起來。顯而易見，幾乎沒有哪個人在街上走著走著，突然聽到天空中傳來一句憤怒的吼聲：『都幾點了，你怎麼還不起床！』

　　「而且在自己的夢境中，世界是可以按照自己的意願來布置的，但是現如今，又有多少人每天祈求房價便宜點再便宜點，結果還是不如意，抑或是輾轉反側，追了好幾年的女神最後落到了那個有錢大叔手裡。很明顯，我們活在一個現實、真實的世界中。

　　「或許真的有那麼萬分之一，或者億分之一的可能性，我們現在活在自己的夢境中，不過那又何嘗不是一種好事？因為那是我們自己的夢境，我們可以按照自己的意識來設置它。在自己的夢裡面搶個銀行，或者飛簷走壁當個蜘蛛人，又何嘗不是一種別樣的樂趣？」

　　說到這裡，佛洛伊德教授突然神祕地停頓了一下：「好了，對於現實的探

討到這裡都還是很令人喜悅的，喜歡 happy ending 的同志們請止步吧，直接讀下一篇也挺好的。」

　　然後，他繼續說道：「其實，人們到現在依然無法拿出有力證據證明現實的存在。我們也有可能不過是某個人夢裡微不足道的一小部分，某個可以被稱為造物主的東西，他創造了這個夢，這種觀點在電影《喜馬拉雅星》裡面得到了極好的展現。故事的最後，那個「神」醒了，於是世界毀滅。

　　「也有人針對《駭客任務》裡的橋段進行了推算，以目前最好的技術製造一個能模擬計算整個世界的電腦需要比地球還大的處理器，但實際上宇宙星空這些很占計算量的東西都不用這機器去時刻維持，這臺電腦只用維持日常生活並在有人去做觀測宇宙這樣的『大事』時臨時再去計算並反饋，拋棄了大量做無用推算的計算扇區，這就使得我們活在機器世界裡的假設變成了可能。

　　「因為，這臺宇宙機器只用去維持人類的日常生活，並用很少的計算量去把人們的質疑合理化就可以了，畢竟沒有多少人會隨時觀測宇宙，或者抓住蛛絲馬跡去質疑『現實』。」

第五節　失戀療法

　　張棟興又失戀了！這已經是他第 35 次失戀了。他無精打采地坐在教室後排悲天憫人，沒成想卻被佛洛伊德教授看到了。

　　「殘酷」的佛洛伊德教授非但沒有安慰他，反而接著他失戀的話題開始講起心理學理論來了。

　　「假設你被心愛的男朋友或者女朋友甩了，你會怎麼辦呢？找閨蜜或兄

弟哭訴？暴飲暴食？還是立馬找好下家，重新開始一段感情？這都是有可能的。由此可見，失戀的確有多種療法。

然而，同學們知不知道為什麼人失戀會傷心難受，甚至長時間心情低沉呢？知不知道這些五花八門的失戀療法全部出自我們自身的心理防衛機制呢？若想了解這些的來龍去脈，我們就不得不從我的本我、自我與超我理論開始講起。」

「什麼是本我、自我和超我理論？」同學們瞪大了眼睛。

「一個人的好壞成敗永遠離不開他的行為，而一個人的行為又深受他心理的控制。」佛洛伊德教授說，「意識到了這一點，我就提出心理可被分為三部分：本我，自我和超我。（見圖1-10）

圖1-10　本我、自我和超我

本我是一種人類與生俱來的動物本能，比如吃飯，喝水，排泄，睡覺和性。這種本能十分混亂，毫無理性，可以讓我們忽略道德法律去做一些事情。

超我則是經過批判和控制後的自我，像神一樣按照道德良心去限制動物性的本能衝動。超我通常是在我們成長過程中依靠家人、教授的教育形成的。如果你在少年時接受的教育就是為所欲為，不顧道德標準地隨地大小

便，那你的超我和自我之間的差異將會非常小。

　　不過，往往我們接受的教育都是非常高級大氣上檔次的。而自我就是本我和超我協調下的結果，它會根據周圍環境來決定我們的行為方式，在理性和感性之間周旋，達到一種平衡。在這三者的相互作用下，我們的心理活動就產生了。

　　當然，本我和超我的協調有時候並不是那麼順利，一個要往東，一個要往西，非常容易產生衝突。」

　　夏曉楠問：「如果不協調又會怎麼樣？」

　　佛洛伊德教授答：「自我為了解決這種衝突，就會使用心理防衛機制。如果適當使用，本我和超我之間的衝突便會得到緩和，但若過度使用，則可能會因為我們長期拒絕面對問題而產生焦慮。防衛機制主要包括否認，反作用形成，轉移，壓抑，投射，幻想，合理化，補償，昇華和退化情感等。」

　　說完，佛洛伊德教授問：「一瞬間看到這麼一長串陌生名詞，有沒有被嚇到？」

　　「嚇到倒是沒有，但教授，這和失戀有什麼關係呢？」

　　佛洛伊德教授做了一個少安毋躁的手勢，接著說：「別著急，我這就來解析一下怎麼用它們來治療失戀。」

　　「面對失戀，本我痛苦無比，每天嗷嗷大哭，躲在家裡不想上班，不想見人，不起床也不洗臉；超我則高貴冷豔，不屑一顧，覺得失戀而已嘛，有什麼大不了的，要求我們釋然，回到正軌。這樣的衝突，防衛機制會怎麼處理呢？

　　『否認』會幫助我們避開那些讓我們感到不愉快的事實，簡而言之就是假

裝它沒發生過。這也是一大部分人首選的失戀療法 —— 每天該上班就上班，該學習就學習，該吃飯就吃飯，好像從來沒有談過男朋友一樣，這樣一來，自然而然，也就避開衝突了。

『反作用形成』會讓我們產生與我們內心真實想法相反的意識。比如說，一個其貌不揚、年過半百、智力低下、花心浮淺，還總愛無理取鬧的摳腳大漢，命犯桃花地找了一個二十剛出頭的白富美做女朋友。一個月後，白富美意識到自己犯了一個天大的錯誤，於是就把這個摳腳大漢給甩了。摳腳大漢難受得撕心裂肺，但當朋友問起他和白富美為什麼分手的時候，他卻會說，這女的配不上我。實際上，是他內心認為自己配不上人家。

『轉移』是將我們的情緒從危險物轉移到安全物上面。舉個例子：某理工男被某理工女欺騙感情，發現真相後他火冒三丈，恨不得分分鐘剝了那女人的皮，抽筋飲血，可是上帝一樣神聖的超我怎麼可能允許這種事情發生呢？與本我協調之後，想出了一個權宜之計，就是買隻毛驢送到餐廳裡面把它的皮給扒了，而且邊扒邊罵『混蛋，我叫你騙我，我叫你騙我！』

『投射』會把我們不快的情緒、動機、感情或者未完成的慾望轉移到別人身上。比如，父母就常常逼迫孩子去實現自己當年未完成的夢想，而對於失戀，投射的表現就是被男神拋棄的小女生會買一隻忠誠的小狗來陪伴自己，把自己對於前男友『不拋棄，不放棄』的願望投射到小狗身上來獲得滿足。

『幻象』會透過對事實的美化和扭曲來脫離壓力事件，同時避開接受現實。也就是說，當一個人被甩後，其實他內心傷痛無比，但會安慰自己說，她一定是愛我的，和我分手只是因為她得了癌症，不願意拖累我的青春罷了。瓊瑤小說看多了的人往往都會有這類想法。

『合理化』的定義比較抽象，讓我們直接跳到應用環節。某身材妖嬈、氣

第一章　佛洛伊德講「做夢」

質優雅的女生被甩了，碰巧有一個綜合條件比較差的男生一直在追她，追了兩年多了，可惜名花有主，鬆土太苦，男生被女生拒絕了一次又一次。失戀後，女生告訴閨蜜，她突然覺得自己愛的不是前男友，而是那個追求她很久的男生，於是兩個人便在一起了。其實，那女生不過是想找個替代品分散一下注意力，順便氣一氣前男友罷了，卻害怕自己的行為遭到朋友們的指責而不願意說實話。

　　『補償』乃是因為無法達成某種目的，而選擇另外一種行為。（見圖 1-11）舉個例子：一個清新浪漫的小男生夢寐以求一份完美、甜蜜的愛情，不幸的是他屢次被甩，夢想從未實現。萬般無奈之下，男生決定，既然女人不能給我想要的東西，我幹嘛不找個男人呢？從此，又一個 gay 誕生了。當然，這個例子有點誇張，也是非常罕見的失戀療法，通常情況下，人們會透過暴飲暴食、瘋狂購物等來獲得滿足感和幸福感。

補償心理往往會導致一些普通人看起來匪夷所思的現象，比如，一個沒有同性戀傾向的人突然變成了同性戀……

圖 1-11　補償心理

　　『昇華』無疑是所有防衛機制裡面最可怕的一種。自己感情不順，便覺得全世界的男人都不是好人，全世界的愛情都是背叛，全世界的婚姻都是欺騙。」

　　最後，佛洛伊德教授做出總結：「所以，我奉勸所有失戀的男男女女，不要因為一段感情的失敗而心灰意冷，這個世界上的人很多，總有一個適合你的。是不是，張棟興同學？」

同學們提醒道：「教授，還有一個『退化情感』沒有解釋呢！」

佛洛伊德教授做了一個讚賞的表情，說道：「『退化情感』是指我們的行為退化到幼年時期，出現類似吃手指、愛哭、極端依賴之類與年齡不符的幼稚行為。

比如，我就有一個好哥們名叫威廉。有一次，威廉被一位女神甩了，跑到我家中，沒完沒了地哭。哭完了，還特別可恥地賣萌，說肚子餓，要吃東西，居然還要人餵他！

一般失戀後出現這種症狀的人，普遍內心比較脆弱，缺乏安全感。當他們被好不容易找來的安全感拋棄之後，如果遇到一個可以讓他們依靠的人，潛意識會促使他們表現出和嬰兒類似的依賴。

上面列出的防衛機制只是冰山一角，還有很多種我們沒有講到。

我雖然研究了這麼多的失戀療法，內心卻還是真誠地希望有情人終成眷屬。愛情需要寬容，如果彼此能夠做到互相理解，坦誠相待，包容關心，可能也就沒有失戀療法這回事了。」

第二章

巴夫洛夫講「反射」

　　本章透過五小節，詳細解讀了巴夫洛夫有關「反射」方面的心理學知識。同時，作者使用幽默詼諧的文字，給讀者製造了一種輕鬆明快的氛圍，讓讀者能在歡樂中增加心理學知識。本章適用於渴望學習心理學，以及渴望了解心理問題的讀者。相信閱讀本章，能對這部分讀者有所幫助。

伊凡・彼德羅維奇・巴夫洛夫
(Ivan Petrovich Pavlov)

俄羅斯生理學家、心理學家、醫師。

巴夫洛夫青年時醉心神學，後受科學和現代醫學啟蒙影響轉而進行神經系統研究。

當時，人們尚未對神經系統有深入了解，在這種情況下，巴夫洛夫進行了各種開創性研究，其中最著名的就是載入心理學史冊的條件反射實驗。

透過一生的研究，巴夫洛夫讓人們了解到神經活動的真實情況，他也因此成為高級神經活動學說創始人和高級神經活動生理學奠基人。

第一節　巴夫洛夫把妹法

聽完佛洛伊德教授關於夢境的透徹解析，讓夏曉楠讚不絕口。

看來張棟興沒有忽悠自己，地下一樓的心理學課程真的很有用！今天又有哪位教授帶來精彩一課呢？

正想著，同桌孫昱鵬拍了拍夏曉楠肩膀：「嘿，你知道工科把妹第一彈嗎？就是『巴夫洛夫把妹法』！」

夏曉楠搖搖頭。

孫昱鵬解釋道：「就是你每天給你心儀的女同學的抽屜裡放上精心準備的早餐，並且保持緘默，無論她如何詢問，都不要說話。如此堅持一至兩個

第二章　巴夫洛夫講「反射」

月，當妹子已經對你每天的準時早餐習以為常時，突然停止送餐，她心中一定會產生深深的疑惑及失落，同時會滿懷興趣與疑問找到你詢問，這時再一鼓作氣將其拿下。」

夏曉楠聽完哭笑不得：「這不就是借鑑了不朽的科學家巴夫洛夫之『條件反射實驗』嗎？還取『巴夫洛夫把妹法』這麼奇怪的名字！」

孫昱鵬心神往之地說：「什麼？巴夫洛夫竟然有如此高深的見解！如果我生在他那個年代，一定要聆聽他的教誨！」

夏曉楠一笑：「人類心理學上最著名的巴夫洛夫實驗，居然能夠被如此演繹，看來理科生中也不乏高情商的兄臺啊！巴夫洛夫泉下有知，得知自己畢生的研究成果被後人用在了泡妞上面，不知他是會欣慰還是會覺得無厘頭。你想聽他的教誨簡單啊，一會兒我就帶你去。」

孫昱鵬一臉不信。夏曉楠立馬拖著孫昱鵬，來到巴夫洛夫教授的課堂上。

張棟興早早就來了，聽完夏曉楠和孫昱鵬的對話，他咧嘴道：「其實我們仔細思考一下，心理學研究的目的不就是為了讓我們在生活中應用嗎？既然如此，那麼把巴夫洛夫的條件反射實驗用在泡妞上面，其實也算是相得益彰了。」

巴夫洛夫教授也對「把妹法」很感興趣。他決定從自己的條件反射理論課程上，尋找出答案。

動物在某種特定條件下會受到刺激，這種刺激會引起腦神經的反射，進而促使動物的身體表現出某種行為。

圖 2-1　腦神經的反射

圖 2-2　條件反射

巴夫洛夫說：「動物在某種特定條件下會受到刺激，這種刺激會引起腦神經的反射，進而促使動物的身體表現出某種行為。那麼，怎麼印證自己的觀點呢？」（見圖 2-1）

夏曉楠一撇嘴：「不會是『巴夫洛夫的狗』吧？」

果然，巴夫洛夫教授找來了一隻狗，一隻可憐的牧羊犬。他在給這隻牧羊犬餵食的時候，總是會不厭其煩地先搖一遍鈴鐺，然後不斷觀察牧羊犬看到食物時嘴邊流下口水的樣子。

巴夫洛夫教授說：「幾個月過去之後，當我突然有一天不再餵食，而只是在狗的面前搖鈴鐺，這隻可憐的牧羊犬以為食物馬上就要到了，口水仍然在不停地流著，當流下的口水把家裡的地毯全都弄溼之後，我的實驗成功了。」

夏曉楠知道，巴夫洛夫教授將狗嘴裡有口水流出看作是一個反射行為，而一邊搖鈴一邊餵食給狗就是條件，在給狗餵食這個條件之下，反射成立了。（見圖 2-2）

第二章　巴夫洛夫講「反射」

巴夫洛夫教授說：「條件反射研究帶給我們甚麼樣的啟示呢？那啟示便是我們想要對某個動物進行某種反射性訓練時，可以用某種先決因素作為條件，經過長時間反覆演練，讓該動物對這一先決條件形成慣性，進而達到反射的目的。當然，人也是動物的一種。」

孫昱鵬問：「怎麼來證明呢？」

巴夫洛夫教授舉了一個最常見的例子：很多人都打過針，尖尖的針頭在刺進臀部的一剎那，任誰都會繃緊肌肉。而為了消毒，醫生們在打針之前總用酒精棉簽擦拭一下要打針的部位，長久下去，即便是十幾歲的孩子在被酒精棉擦拭臀部的時候，都會瞬間把臀部肌肉繃緊。

「這就是條件反射！條件不僅僅可以指實際存在的因素，還可以指這因素外圍的一系列其他因素。酒精棉擦拭屁股是和打針得動作結合在一起的，因而被酒精棉擦拭也就成了刺激人的條件之一，在這個條件下，人的臀部肌肉發生了緊繃。」

這個研究可以解釋很多東西。譬如我們在看電影的時候，如果聽到某段恐怖片裡面經常出現的音樂，心跳就會不經意地加快，有些膽小的女人甚至會把手擋在眼前，透過指縫去看，這都是因為這段音樂經常伴隨恐怖鏡頭出現，人對這段音樂形成了造成恐怖的一個條件，進而養成了條件反射。

「那麼，條件反射這件事對於把妹有沒有作用呢？」孫昱鵬還是沒有忘記把妹。

巴夫洛夫搖了搖他大大的腦袋，憤憤地說：「如果這能有效，那我自己早就把到一打妹子了！」

「為什麼把不到妹子呢？」

「因為這種反射根本就不存在嘛！」巴夫洛夫教授生氣地說。

反射的存在必須是可以預見的，當你送早餐給妹子的時候，你必須要預見妹子有你所想要的反應——好奇、興奮和好感。但真實的情況呢？妹子的反應根本就是你無法預見的。

如果你碰到了文藝一點的妹子，她可能會對莫名其妙出現在餐桌上的早餐產生好奇，進而對送餐的人產生好奇。

但如果你遇到一個奇葩一點的妹子，對於莫名其妙出現的早餐，她可能會想「這是不是誰在裡面下了毒藥要毒害我」，一個有這樣反應的妹子，你無論送多少早餐，其結果只能適得其反。

妹子的反射情況是不可預見的，條件反射就自然實現不了。

而且，條件反射的養成必須是不間斷的，沒有其他干擾的。搖鈴鐺送食物給狗吃、用酒精棉擦拭臀部打針、恐怖音樂帶來恐怖畫面，這都是沒有干擾的。

如果某個天才導演在恐怖音樂過後播放的是兒歌《兩隻老虎》，然後讓人不間斷地看這部奇葩電影很多次，那麼這個條件反射的養成就受到了干擾。以後你再聽到類似的恐怖音樂，想必是不會那麼害怕了！

每天早晨的早餐是必然出現的，但妹子此時的情況卻不是必然的：今天妹子有點餓，明天妹子就可能是吃飽飯之後才來上學的；今天妹子的心情好食慾也好，但明天妹子說不定正打算開始減肥。這就無法形成統一不間斷的養成環境了，那麼條件反射自然也就不成立了。

「那麼，浪費了這麼多的早餐就一點作用也沒有嗎？」孫昱鵬沮喪地問巴夫洛夫教授。

第二章　巴夫洛夫講「反射」

「也不是完全沒有效果，在這個條件反射的養成上面雖然你失敗了，但是我可以保證，校門口早餐店賣早餐的阿姨只要一看到你的身影，就必然會露出燦爛的笑容！」巴夫洛夫壞笑著說。

第二節　相親時討論什麼話題最好

「大家好，我是孟非，歡迎收看《非誠勿擾》。各位，您正在收看的是，江蘇衛視 2020 年傾情打造的交友節目《非誠勿擾》，我們只提供邂逅不包辦愛情，如果你還在單身，並且還期待一個完美的愛情，趕緊報名參加我們的節目。」巴夫洛夫教授笑意盈盈地說。

看著大家滿臉無語的表情，巴夫洛夫教授尷尬地笑了笑：「哈哈，別激動，我不是孟非，也沒有現場直播《非誠勿擾》。不過，今天的課的確和大陸大型相親電視節目《非誠勿擾》有一定的關聯。」

一說相親，夏曉楠就一臉黑線。

時過境遷，原本合家歡聚、喜氣洋洋的春節也變成了許多年輕人的頭號煩惱，為什麼呢？原因十分簡單，因為只要過年一回家吃飯時，三嬸婆四阿姨，都會紛紛圍過來，接二連三，一遍又一遍地問你：結婚了嗎？打算什麼時候結婚呀？什麼，還沒有對象？阿姨可是過來人。跟你說句真心話，別以為你現在還年輕，不著急，還能再等等。其實啊，時間過得可快了，一眨眼青春美麗都沒了。到時候你人老珠黃就沒人要啦。別再挑了。對了，前兩天我買菜的時候遇到了隔壁街的那個誰誰，她們家的孩子我看條件挺不錯的，要不要給你介紹一下？感情是可以培養的，要不先留個電話號碼？……

不得不承認，當今社會，相親已經變成了一種時尚，不光親戚朋友會幫

你介紹對象，相親節目也成了電視臺收視率的保障，相親網站則更是來勢洶洶。許多人的確透過相親找到了自己人生中的另一半，但也有人對於相親是一頭霧水。說到此，大家不由得要問「相親的時候到底該說些什麼才能更有吸引力呢？」

張棟興捲起一本書，把自己當成了主持人：「為了解決這個困擾大眾多年的問題，我們今天特意請來了著名的巴夫洛夫教授作為來賓來為大家指點迷津，幫助大家早日取得真愛密碼，找到真愛。巴教授，請問如果您去相親，您覺得討論什麼話題最好呢？」

巴夫洛夫教授也不客氣：「我覺得吧，這得因人而異，蘿蔔青菜各有所愛，每個人感興趣的東西不一樣，要有針對性的交流。但是，不論你跟誰交流，都要保證一點，就是話題得吸引人。」

這話的確不假，現如今，大多數人相親都會以人生理想為話題，這種連小學生都知道的話題怎麼能吸引女神男神呢？

一個人從小就看到電視裡的男男女女坐在一起暢談人生理想，而且她（他）遇到的異性也是如此，時間一長，下一次當她（他）再遇到有人問「您的人生理想是什麼」，我用巴夫洛夫教授的狗打賭，這個人的第一反應一定是「你俗不俗氣」，然後心中產生一系列的厭惡之情。

當然，不光是人生理想，諸如此類還有其他老掉牙的話題。為了在相親對象心中留下一個與眾不同的印象，應該拋棄那些陳詞濫調換一些新鮮的話題。這方面，葛優葛大爺就做得不錯。在舒琪主演的電影《非誠勿擾》裡面，葛優相親的自我介紹是這樣寫的：

「你要想找一帥哥就別來了，你要想找一錢包就別見了。碩士學歷以上的

免談，女企業家免談（小店老闆除外），省得我們
互相都會失望。劉德華和阿湯哥那種才貌雙全的
郎君是不會來徵你的婚的，當然我也沒做一見鍾
情的夢。您要真是仙女我也接不住，沒期待您長
得跟雜誌封面女主角一樣，令人看一眼就魂飛魄
散。外表時尚，內心保守，身心都健康的一般人
就行。要是多少還有點婉約那就更可靠了……」

美好的聯想會
讓人產生感官
上面的反應。

在千篇一律的相親典範中，這樣一篇幽默詼
諧的文章一定會讓人眼前一亮，留下深刻印象。

圖 2-3　創造美好的聯想

張棟興：「巴教授，您剛才說要有針對性的交流，對於這方面您能具體說
說嗎？」

巴夫洛夫：「這個主要是說要談論能讓對方產生美好聯想的話題。舉個例
子，主持人你喜歡吃什麼？」（見圖 2-3）

張棟興：「我喜歡吃冰淇淋。」

巴夫洛夫：「一般大家夏天才會吃冰淇淋，所以當我說到冰淇淋的時候，
你的第一反應是什麼？」

張棟興：「就會覺得很清涼，消暑。」

巴夫洛夫：「就是這個意思。大夏天，快攝氏四十度的氣溫，一想到可以
吃冰淇淋，肯定心裡會覺得特別舒服。但是如果冬天，零下十幾度，你再這
麼一想，渾身上下就更冷了。」

人身體的條件反射系統會讓我們根據別人嘴裡說出來的詞而產生感官上
相應的反應。如果我們把這一點靈活運用在相親上，那絕對是百發百中。

巴夫洛夫教授舉例道：

假如，你去相親，迎面走來的是一個打扮得粉粉嫩嫩，頭髮上繫著一個蝴蝶結，穿著印花公主裙的小女生，那麼你跟她聊附近哪條街新開了一家洋娃娃店，櫥窗上就放著一個毛茸茸的泰迪熊，這樣的話題一定會讓她心花怒放，覺得你就是命中注定的那個人。

相反，你要是跟她說最近哪家電影院新上映了一部恐怖片，特別刺激，整個銀幕都是鮮紅的血，那她就會覺得你是心理變態。

不過，如果來的是一個一身龐克風，耳朵上戴著骷髏形狀的耳釘，身穿黑色破洞的牛仔褲，頭髮五顏六色的女孩，這時，你跟她聊恐怖片就會引起很好的共鳴。

再如果，來的姑娘手臂裡夾著一本詩集，你上來說一句「北方有佳人，絕世而獨立，姑娘家住北邊我猜得對不對？」百分之百她會認為你就是她的知音。

所以，要根據對方的穿著打扮猜測她的喜好，聊對方感興趣的話題會讓她產生一些美好的反射。

再者，當眼力不好用的時候，就要依靠交流技巧。

比如，你可以提前在兩家高檔餐廳訂好位子，一家主山珍，一家主海鮮。然後，假裝隨意地在聊天時詢問對方海鮮、山珍和生雞蛋更喜歡吃什麼？

其實生雞蛋不過是一個類比項，讓對方感覺自己好像在一個看似大的範圍內做選擇。拋去選了不可靠選項吃生雞蛋的奇葩，正常人就會在自認為是進行了自主選擇的情況下選到你有準備的項目。

第二章　巴夫洛夫講「反射」

這時你就可以很開心地說：「哎呦真巧啊，我這裡恰好有某某餐廳的訂位呢，你要不要一起來？」其實，這些都是你之前安排好的，但在對方的眼裡，這卻是「緣分」的象徵。

除此之外，相親時還要注意細節上的表現。你初見一女孩就三句不離你前女友，說你前女友哪裡特別好，什麼行為又不好，那她第一反應就是你還對別人念念不忘，聊不上兩句肯定就分道揚鑣了。

如果你遇到一心儀的小姐的開場白是「你一個月薪水多少？有沒有車？買房了嗎？幾坪的？」你心裡一定會覺得她特別現實，碰巧這時候你剛被單位主管罵了一頓，她的話就會引起你不好的情緒反射，就算這女孩再漂亮可愛，你也興趣全無了。

巴夫洛夫教授笑著說：「儘管我不能確定，當年我煞費苦心研究出來的條件反射是不是真的是為了相親把妹用的，但我相信，只要學會巧妙利用我的條件反射理論，引起女孩對美好事物的條件反射，那麼你離成功也就不遠了。」

第三節　習慣是如何成為自然的

「你有沒有注意到自己身上的一些小習慣，比如每次吃完飯之後都要抽一根煙，思考的時候喜歡摸鼻子，在公共場合發言的時候手會扶桌子或者不停的動，見面要給對方一個見面禮，等等。」巴夫洛夫教授笑著問夏曉楠。

夏曉楠愣了一下，搖了搖頭。

巴夫洛夫教授說道：「不同的地域、不同的國家都有著不同的風俗習慣。所謂『百里不同風，千里不同俗』說的正是這個意思。就拿西藏少數民族

——藏族為例，敬獻哈達、奶茶和青稞酒是藏族待客最基本的禮節，除此之外還有傣族的潑水節、白族的火把節之類的。這些風俗習慣最初有的是為了紀念英雄人物，像端午節包粽子、賽龍舟，有的是為了感謝豐收。」

學生們聽得一臉驚訝，教授對中國的民俗了解得還真不少。

孫昱鵬接話道：「是啊，美國的感恩節就是為了向當初幫助過他們的印第安土著表達謝意，還有的風俗是來源於神話故事，比如很多亞洲人過的春節就是來源於一個有關年的神話故事。風俗習慣之所以能成為自然是由於我們世代相傳，經過時間的洗禮才能如此。」

巴夫洛夫教授點點頭：「不過我們今天要討論的主題並不是風俗習慣，而是生活中的那些小習慣。我們常說『少若成天性，習慣成自然』，那麼習慣究竟是如何成自然的呢？」

夏曉楠說道：「您的狗就有一個很好的習慣啊，只要您輕輕搖一搖手中的鈴鐺，它就會興高采烈的跑過去。

其實，我們人類也是一樣。當我們還是小嬰兒的時候，如果我們的母親每天都在同一個時間點餵奶，久而久之，只要一到那個時間點，我們體內的生理時鐘就會提醒我們要去吃飯了，然後身體就會產生飢餓感。由此可見，若想習慣成自然，有兩個因素是必不可少的——行為上的重複和特定的因素。」

巴夫洛夫教授點點頭，讚道：「不錯，真不愧是學心理學的。對於第一點，行為上的重複，一個習慣的形成離不開長時間的重複。比如，你在公司有一個好朋友，每次中午吃過飯他都會拉著你出去抽根煙，如此一個月以後，你的這位朋友跳槽去別的公司，留你一個人在原公司。這時，你依舊會

在吃過午飯以後選擇去抽根煙，甚至幾年過去之後，你飯後一根煙的習慣還在。但如果這位朋友只是偶爾拉你去抽菸，一個月也無非一兩次，那麼他離開後，你可能連這一個月一兩次的抽菸時間都會省掉。」（見圖2-4）

行為上的不斷重複是形成習慣的重要要素。

圖2-4　習慣要靠行為養成

夏曉楠點點頭，很多人養成一些不良好的習慣就是因為身邊那些與他走得很近的朋友把他們身上的惡習傳染給了他。

就像他上大學的時候，每天晚上都會去泡網咖。原因就是他在上大學之前，張棟興在放學後總是帶他去網咖，玩上一個小時再回家。如果沒有時間上的重複，大腦無法形成條件反射，習慣也就變不成自然了。同時這也就解釋了為什麼很多同學一直很努力地想養成用完的書立馬放回原處、睡覺前背單字的好習慣卻一直不能成功，很明顯，三天打魚兩天曬網的行為只會使先前的努力白費。

為了盡可能地避免沾染上這些壞習慣，我們應該及時遠離壞習慣的傳染源。當然，如果你的自制力足夠強，完全可以一邊和他們做朋友一邊對他們身上的壞習慣說 NO。

孫昱鵬接著說：「不過，光有第一點是很難使習慣成為自然的。要是巴夫洛夫教授第一天先搖鈴鐺然後給狗餵食，第二天吹笛子，第三天拉小提琴，那麼果然不出所料，會導致兩個結果。一，狗瘋了；二，日後巴夫洛夫教授再搖鈴鐺，這狗肯定不會跑過去。」

「停！我們先不討論狗為什麼會瘋這個問題，來思考一下第二個結果是如何產生的。」巴夫洛夫教授趕緊制止了孫昱鵬的幻想。

　　「還是以飯後抽菸的事為例。如果今天你的同事吃飯前帶著你抽菸，明天又變成下班後拉你去抽菸，這樣反覆無常的事情只會讓你的大腦把抽菸歸類於同事的一時興起，無法在特定的情況下養成習慣，從而也就形不成反射。你希望自己每天上課不遲到嗎？那就幫自己設個鬧鐘，強迫自己每天都在那個時間點起床洗漱。漸漸地，你的生理時鐘已經習慣了在那個時間點喚醒你，就算你想在週末給自己放個假，你也還是會準點起床。」

　　夏曉楠點點頭，「習慣成自然」的問題，其實就是利用巴夫洛夫教授的條件反射，讓自己的身體意識在特定的時間地點形成良好的反射。

　　孫昱鵬問：「那麼我們要堅持重複某一個行為動作多久才能讓它變成習慣呢？」

　　巴夫洛夫教授答：「對此，行為心理學給了我們一個準確的答案——二十一天。一個動作或者想法只要重複二十一天，就會變成一個習慣。」

　　巴夫洛夫教授認為，習慣的形成大致分為三個階段。第一天到第七天為第一階段，我們把它稱作順從。即，我們盡力地使自己表現得與新的要求一樣，但是實質上沒有發生任何改變。通常情況下，新習慣最初是在外界壓力和環境影響下形成的，很少出自主觀意識。而第七天到第二十一天屬於第二階段，認同（見圖 2-5）。

順從　　認同　　習慣

圖 2-5　習慣形成的三個階段

　　經過一週的磨練，我們開始在心中接納新的習慣。相比於第一階段，此時主觀意識占據的比例更大，不再是被逼無奈地去做某一件事。當我們熬到

第三階段時，新的習慣已經完全融入我們的思想行為之中，心裡沒有一點反抗與異議。

這裡的二十一天是一個平均值，具體還會根據習慣的強度、難易而改變。如果新習慣是每天下午慢跑四百公尺，或者比這還要簡單，那麼就會養成得快一點，相反，如果安排給你的是每天背兩千個單字這種高難度的任務量，習慣的養成就會變得很慢。此外，二十一天養成一個習慣的理論對於壞習慣的改變、消除也同樣適用。

巴夫洛夫：「澳洲著名演講家力克‧胡哲曾經說過，當你想要放棄的時候，告訴自己再多堅持一天，一週，半個月，一年，然後你就會發現，拒絕退場的結果令人驚訝。所以，不管習慣成自然需要的時間具體比二十一天多還是少，都需要我們強大的毅力，以及持之以恆的精神。」

第四節　特殊的戀物癖

巴夫洛夫教授一臉壞笑地說：「我們之前講過似曾相識、習慣成自然、把妹相親之類比較小清新的話題，這次我們換一個口味重一點的 —— 戀物癖。」

不少人都露出了心照不宣的笑容。

「好！廢話不多說，讓我們切入正題。說起戀物癖，我們不得不提一個會飛簷走壁，來無影去無蹤，年齡不詳，身高不詳，身手絕不亞於古龍小說《陸小鳳傳奇》裡面的司空摘星，百花叢中過，片葉不沾身，唯獨偷內衣的內衣大盜。」

巴夫洛夫教授帶大家進入了一個場景：

在一個月黑風高的夜晚，一個年輕女子在家裡洗內衣。洗好後晾在陽臺上。就在這位女子剛轉身，準備離去的一剎那，內衣不見了！女子氣憤不已，怒吼「哪個不要臉的孫子又偷老娘內衣了？」

「真相永遠只有一個，放心，我一定會抓住真兇的。」巴夫洛夫拍著胸脯說。

「小姐，請問這是你第一次丟內衣嗎？」巴夫洛夫問道。

丟內衣的女子：「不是，兩個月內我已經丟了五次內衣了！」

「那你除了內衣之外還丟過別的東西嗎？」

「沒有啊，對了，好像還丟過一條絲襪，那可是我最愛的絲襪啊。」

「噢，這麼說來我就有點眉目了。小姐，您認識我嗎？我是巴夫洛夫！」

「八婆豆腐？和麻婆豆腐一樣能吃嗎？」

巴夫洛夫：「是巴夫洛夫，一個教心理學的教授。」

「噢，就是玩狗那個？難道是你偷了我的內衣和絲襪？」

「不不不不。我是說，我可以幫你查出這個人，」巴夫洛夫連忙解釋，「小姐，很榮幸為您效勞。」

「巴夫洛夫教授，請您幫忙分析分析。」

巴夫洛夫點點頭：「根據我的推理，估計偷您內衣和絲襪的那小子是個戀物癖。」

「教授，戀物癖？您能再詳細的解釋一下嗎？」

巴夫洛夫回答道：「沒問題。其實你遇到的這種情況還算好的，記得有一首歌，裡面是這樣唱的：你用過的咖啡杯，餘溫還多一些，我輕輕再吻一遍，

第二章　巴夫洛夫講「反射」

變態得有點甜……這種舔異性用過的咖啡杯就是戀物癖的一種。我之前就在網路上看到過一個男的尾隨一個特別漂亮的女孩，還把她吃剩下，丟在地上的東西撿起來吃。總而言之，戀物癖指在強烈的性慾望與性興奮的驅使下，反覆收集異性使用的物品，甚至還會撫摸這些物品以獲得性滿足。其實，戀物癖最開始只是偶然收集了一件自己暗戀的異性身上的東西，後來發現這件東西可以讓自己想起物品的主人，並且感到幸福、興奮、心情激動。時間一長就

圖 2-6　戀物癖是條件反射

形成了條件反射，只要看到暗戀的人用過的東西就會亢奮，從而變成了戀物癖。」（見圖 2-6）

「原來如此。」丟內衣的女子恍然大悟。

「由此可見，這位小姐，偷你內衣的那個人一定是在暗戀你。」巴夫洛夫教授說道，「你想一想，有誰最近正在追求你。十有八九就是那個人偷了你的內衣。」

丟內衣的女子很費解：「不對呀，最近也沒有人跟我表白，而且大家都知道我有男朋友。」

巴夫洛夫教授詫異：「你有男朋友了？」

女子點了點頭，「是的，我們在一起都好幾年了。」

「那你們倆是不是常吵架？」巴夫洛夫問。

「是的，你怎麼知道？」

「因為戀物癖還有另一種解釋，和佛洛伊德的精神學有關。」

「佛洛伊德認為，性格內向，並且在戀愛、婚姻之類的兩性問題上十分失敗的男人往往缺乏男子氣概，而且容易產生內心的矛盾，有的人還會因此變得焦慮。這時候，我們的潛意識就會跑出來促使他換一種方法來消除內心的痛苦。其中的一部分人就會迷戀上異性的貼身物品，偷偷地收集，透過性滿足來安慰自己受傷的心靈。這類人往往有著嚴重的心理疾病。」

丟內衣的女子驚訝道，「不會吧？我之前還覺得他人不錯呢。不行，我得趕緊打個電話問問他，如果真的是他，馬上分手。」

說完，氣哄哄地走掉了。

巴夫洛夫教授的場景結束，大家都笑得前仰後合。

巴夫洛夫教授繼續說道：我對戀物癖的介紹可能有一點抽象，下面我再詳細地給各位列舉一下。

拿著異性用過的物品＝無法性滿足；

性幻想＝性滿足；

拿著異性用過的物品外加性幻想＝性滿足；

強化以後：

拿著異性用過的物品＝性滿足。（見圖 2-7）

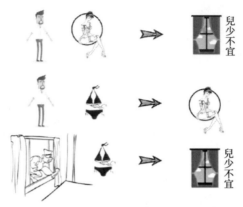

圖 2-7　戀物癖與性

　　巴夫洛夫教授愉快地說：「俗話說，有多少種物件，就會有多少種戀物癖。我們都知道最近網路上奇葩百出，有臉書控、絲襪控、短裙控、西裝控……但要知道，你們所謂的物品控和戀物癖完全是兩個概念。這類『控』只是單純的喜歡，而戀物癖是一種帶有『性』色彩的喜歡。如果你在做自我介紹的時候很 happy 地說自己是戀物癖，那麼估計原本暗戀你的小女生也會被嚇跑。」

第五節　似曾相識是怎麼回事

　　「被陽光灑滿的午後，正漫步在回家的路上，明明走入你視野的是一張素未謀面的臉龐，你卻轉過身，深深地望著那個剛剛擦肩而過的人，喃喃自語『咦？我好像在哪裡見過他』。抑或是當你流浪在一個陌生的國度，在轉過某一個街角之後，竟被一片無意飄落的花瓣所觸動，在心底勾起一種似曾相識的感覺。」巴夫洛夫教授一臉深情地說。

　　大家看著教授，紛紛表示受不了了。

巴夫洛夫教授一撇嘴：「相信每一個人都經歷過這種『似曾相識』的感覺，就連你們的宋代詞人晏殊也曾感嘆過『無可奈何花落去，似曾相識燕歸來』。可這種莫名而來的『似曾相識』到底是今生注定，還是前世有緣，這得靠我來解釋一下。」

> 似曾相識主要分為兩種，一種是感覺或者情緒上的相同而帶來的似曾相識，另外一種就是此時此刻所在的地點、時間，接觸到的人、看到的東西與曾經遇到的有一部分十分類似甚至一模一樣而觸發的感覺。

巴夫洛夫教授講道：「似曾相識主要分為兩種，一種是感覺或者情緒上的相同而帶來的似曾相識，比如開心、沮喪、失望等。另外一種就是此時此刻所在的地點、時間，

圖 2-8　似曾相識

接觸到的人、看到的東西與曾經遇到的有一部分十分類似甚至一模一樣而觸發的感覺。」（見圖 2-8）

巴夫洛夫教授邊想邊說：「在電影《惡靈古堡》第一部的片頭，女主角 Alice 從浴缸中醒來，她疑惑地環視著周圍的一切。此時的她由於接觸到了 umbrella 公司的最高機密而被徹底洗腦，忘記了以前的一切。就算是在自己的家中，她也沒有一點記憶。

但是在地下基地，『蜂巢』裡面，面對喪屍的侵襲，她隨手抓起身邊的槍熟練地把一串子彈打了過去。同伴不知所措地望著她，她說『我好像來過這裡』。可事實是，她從未親自進入過地下基地。可是為什麼會有這樣似曾相識的感覺呢？因為，在她丟失記憶以前，她是一名特務，對於槍的使用更是像普通人吃飯喝水那樣平常。所以，在危險來襲之際，她的身體會條件反射，

第二章　巴夫洛夫講「反射」

不由自主地做出保護自己的舉動。而那所謂的似曾相識，不過是條件反射讓她再一次感受到了以前經歷過無數次，如今卻忘記的類似場景罷了。這就是剛才提到的第一種情況。」

張棟興說：「不光是在電影裡面，生活上也是常常如此。比如，我朋友隻身在異國他鄉求學，身邊相處的都是陌生的面孔，說著另外一種語言。在新年前後，國內的朋友都吃著團圓飯，打著麻將沉浸在濃厚的節日氣氛中，而他深深思唸著大洋彼岸的另一端，卻不能回來。這時候，如果一個華裔出現在他的家門前，邀請他到家中吃餃子。就算這位華裔的中文不是那麼的流利，也能讓他深深地感受以前在家鄉時的那種溫暖。甚至，就連走在唐人街，看著琳瑯滿目的中國傳統工藝品，都能帶給他一種親切感。似曾相識，不就是如此嗎？」

孫昱鵬一臉壞笑：「是啊，是啊，我們都知道巴夫洛夫教授與狗的故事。說白了，似曾相識不過就是巴夫洛夫的狗，在不熟悉的地方感受到了和享受巴夫洛夫教授扔的美味骨頭一樣的溫暖。」

英語學習中，大量的單字無疑是學生需要面對的頭號困難。假設一個英語初學者今天學會了一個單字「believe」，相信，過一段時間之後，當他看到「relieve」這個之前他從未接觸過的詞，可能會不由自主地開始思考自己之前是否見到過這個單字。其實，他所感觸到的那種似曾相識的感覺，只不過是大腦在看到「lieve」之後本能地聯想到了已經認識的「believe」。

地球上居住著七十多億人，一個人活到八十歲的時候，大概會遇到將近兩億不同的人，平均下來，每天都會邂逅一千多張從未相識的臉龐。而這一千多張臉龐中，總會有那麼一兩個與現在正站在你面前，讓你感受「似曾相識」的那個人的五官的某一部分是高度相似的。

　　假設在一所學校裡面，某位女孩暗戀的男生總愛打紅色領帶穿黑色西裝，下身穿沙灘短褲外加一雙人字拖（先不管這種穿法是多麼的不符合邏輯）。幾年後，男生移民到了別的國家，女孩還留在原來的地方。某一天，一個女孩從未見過的男生也穿著黑色西裝和沙灘短褲人字拖，繫著紅色領帶，走到她面前跟她聊天。即使女孩之前沒有意識到自己暗戀的男生喜歡穿這一類衣服，當她看到別的人衣著類似時，她的腦海裡會條件反射地回想起以前的畫面，然後產生出一種似曾相識的感覺。

　　先不考慮這個姑娘是怎麼看上這位穿著極其詭異的男生，讓我們來分析似曾相識是從何來的。「紅色領帶」、「西裝」、「沙灘短褲」以及「人字拖」都是喚起似曾相識的關鍵之處，因為這些元素同時碰撞到一起的機率非常小。相反，如果男生喜歡天天穿校服，那麼這樣的人學校裡隨處可見，如此一來，記憶中的這一系列細節都會被淡化，不管女孩看到多少個穿校服的男生，也不會喚起她似曾相識的記憶。

　　不單單是穿著，一個人的語言、行為舉止或者相遇的場景環境，只要足夠特別，都極有可能成為喚起記憶的關鍵點。所以，這一類別的似曾相識不過是此刻眼中的情景與記憶歷史長流中的某一個小碎片有著一模一樣的特點罷了。

　　其實，就是巴夫洛夫的狗被陌生人拐賣之後，在從未來過的地方遇到了同款的鈴鐺，它可能也會觸景生情，「哭」它個稀里嘩啦。（見圖 2-9）

圖 2-9　生活中隨處可見的似曾相識

這樣一說，許多有情人又會紛紛抱怨：「啊，我還以為我和他似曾相識是前世的緣分未盡呢，原來只不過是他長得或者穿著比較像以前我見過的一個人。」其實也不用太過傷心，人與人之間很難找到完全一樣的面孔，就連雙胞胎都會有一定的差別。由此可見，能遇到一個與你的過往經歷相像的人也是來之不易的緣分。

講到這裡，巴夫洛夫教授給了同學們一個善意的提醒：善良單純的妹子不要太過相信男人嘴裡的似曾相識，有的男人走到你面前，跟你說『美女，你長得好像我過世的一個朋友，可以坐下來陪我喝杯咖啡，讓我好好懷念一下她嗎』？十分有可能他只是想要你的手機號碼或加你 Line 約你出去。現如今，似曾相識已經成為搭訕的經典開場白了。」

第五節　似曾相識是怎麼回事

第三章

史金納講「行為」

　　本章透過五小節，詳細介紹了史金納的行為主義。內容詳實有趣，配圖簡單易懂，文字生動活潑，佐證事例充足，讀者可透過師生間的對話，準確把握心理學的重要性。適用於希望提高自身心理能力，對強迫症有加強理解需求的讀者。

伯爾赫斯・法雷迪・史金納
（Burrhus Frederic Skinner）

美國心理學家。早年從事文學創作，後來為了更深入理解人的行為，轉而研究心理學。

在哈佛大學就讀期間，史金納受到了行為主義心理學的吸引，將自己的主攻方向瞄準了對人類行為的研究。他開創性地提出了有別於巴夫洛夫條件反射的另一種條件反射行為，並將二者進行了區分，在此基礎上提出了自己的行為主義理論 —— 操作制約理論。因此，史金納也被譽為新行為主義學習理論的創始人。

第一節　抑制不住的網購

　　孫昱鵬上了巴夫洛夫教授的課程後，就跟上了癮一樣，第二天一大早，他就催著夏曉楠和張棟興趕緊去上課。

　　「這節課是史金納教授的，不容錯過！」孫昱鵬大聲說道。

　　到了課堂，教室裡只來了他們三個人。史金納正蹺著二郎腿，坐在椅子上刷臉書，時不時還露出開心的笑容。

　　夏曉楠有些納悶，湊上前一看，教授正在看段子：

　　蝦皮買家看上了一件衣服，然後用通訊軟體詢問店主商品的具體情況。

　　買家：「掌櫃，我選的這個誘惑嗎？」

　　賣家汗顏：「挺好的……」

　　買家：「不是，我是問有貨嗎？」

67

第三章　史金納講「行為」

賣家:「有,有。」

買家:「那您能活到付款嗎?」

賣家無奈:「我盡量吧。」

買家:「我是說貨到付款。」

賣家:「這個沒問題。」

看著哈哈大笑的教授,孫昱鵬忍不住問:「教授,您知道什麼是蝦皮嗎?」

史金納搖頭晃腦地說:「當然知道啦,蝦皮是臺灣較大的網路零售平臺。包含 pchome,momo 跟博客來已經是臺灣主流網路購物平臺,大家不得不承認網購已經成為大眾購物的首選以及銷售的主流。」

孫昱鵬心服口服。這時,教室裡已經圍了不少學生。

史金納教授拍拍手:「好!上課。就像我剛才說的,網購的確有許多好處,足不出戶就可以把想要的東西買回家。只要滑鼠輕輕一點,瀏覽器就會吐出成千上萬的商品。既可以做到貨比三家,又能輕鬆查看別人對這件商品的評價。甚至網路上有人說,逛街買東西只能在交錢的時候激動一次,網購卻可以讓人激動兩次,交錢一次,收貨一次。這些都成為人們喜愛網購的原因。不過還有很重要的一點,需要從我的操作制約這方面來分析。」

從操作制約來看,人的網購行為就像小白鼠在思索如何可以獲得食物一樣。

圖 3-1　操作制約

「我曾經把一隻白老鼠放到箱子裡面，並且保證可以讓它自由地活動。箱子裡面有一個小踏板，只要白老鼠按壓踏板，就會有一團食物掉進箱內的盤子中，白老鼠就可以吃到食物。」（見圖 3-1）

夏曉楠點點頭，這個實驗與巴夫洛夫教授與狗的實驗的不同點在於，巴夫洛夫實驗中動物的參與度並不是很高，是被動地接受刺激，而史金納教授在條件反射中摻入了獎勵或懲罰的部分，讓動物主動地觸發刺激，更注重動物的學習本領，向我們證明了刺激和反應之間的另一層關係，這也就是史金納教授常說的強化理論。

史金納教授：「就像每一個學生都知道好好學習可以得到獎勵，而鬆懈、怠慢則會被教授家長責罵一樣，白老鼠或者其他的動物也可以透過反覆的操作學習到自己的某一個舉動會得到獎勵，另外一個舉動會遭到懲罰。養狗的人常常利用這一點去訓練自己的寵物，如果狗在屋子裡面上廁所，主人就會毫不留情打罵它，時間一長，寵物就會明白自己在錯誤的地方排便是會得到懲罰的。我們訓練自己的狗握手這個技能，如果狗做對了動作，就給它一點吃的，相反，做錯了就不會有吃的。為了贏得吃的，狗就會按照我們的指示去學習握手。（見圖 3-2）

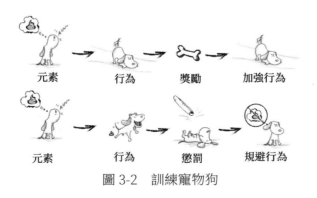

| 元素 | 行為 | 獎勵 | 加強行為 |
| 元素 | 行為 | 懲罰 | 規避行為 |

圖 3-2　訓練寵物狗

第三章　史金納講「行為」

讓我們再回到網購這個話題上來。按照我的操作制約來看，網購行為就像白老鼠在思索如何可以獲得吃的一樣。

最開始，白老鼠在箱子中只是沒有頭緒地按照自己的心情喜好跑來跑去，一不小心某個舉動就導致美味可口的食物從天而降。

我們最開始網購的時候，也是像白老鼠一樣，在五花八門的網店左看看，右看看，只是憑自己喜好，沒有任何網購經驗買一些東西。同樣，我們收到的貨物也有好有壞。

有的時候可能會被店家坑了，買一些和當時在網站上看到的圖片不符的衣服鞋子，而且質量還差。不過也有的時候，我們買到的東西比實體店中的要便宜很多，穿在身上也很好看。

對於白老鼠來說，它要學習的是如何獲得食物，獎勵就是那些食物；而我們要學習的是網購的技巧，獎勵則是一件件漂亮、價錢合理的衣服、鞋子或者包包。

漸漸地，在一次又一次的嘗試中，白老鼠發現了獲得食物的祕笈，那就是踩一下箱子中的某一個小踏板。

帶著這種新鮮感，白老鼠屢試不爽，每當餓或者無聊的時候就會去踩一踩踏板。

反覆地多次網購，在失望和激動的交叉作用下，我們開始探索買到價錢便宜、好看有用的商品的訣竅。我們記住了一些高品質網店的名字，還明白了要在下訂單前對比一下不同商家的銷售量，看一看以前買家給予的評價，甚至還知道了什麼時候衣服會打折，什麼時候買最便宜。

在了解了這些方法之後，我們對網購產生了一種好奇心和新鮮感，一次

又一次地去驗證我們總結的經驗和訣竅，並且沉迷於其中。

　　最後，儘管我們已經掌握了某些祕訣，但還是執著於一次又一次地去體驗（驗證）祕訣。這也就解釋了為什麼我們總是不由自主地想去網購。」

　　史金納教授聳了聳肩：「除此之外，大眾深愛網購的另一個原因就是網購花起錢來無意識。我們去實體店買衣服，交款往往都是現金。這時，我們心中會有一種省錢的意識。但是，如果選擇網購，通常情況下，交錢只是用手指在鍵盤上敲幾個字母、數字就可以輕鬆搞定。在一定程度上，網購和信用卡一樣會讓人花錢沒有節制。」

第二節　Flappy bird 為什麼這麼紅

　　史金納教授嘖嘖道：「對了，前些年一款遊戲在 App Store 上面脫穎而出，一個月內的下載量高達五千萬次，直線飆升美國 App Store 遊戲榜單第一名之後又衝上了中文區榜首，生生把人們一直鍾愛的植物大戰殭屍和憤怒鳥都比了下去，你們知道是什麼嗎？」

　　「您說的是 Flappy bird 吧。」夏曉楠問。

　　「是啊，是啊，」孫昱鵬說，「如果你說你連這款遊戲都沒有玩過，那你真的是 out 了。很多人瘋狂地迷上了這款遊戲。儘管遊戲並沒有分享的功能，但是很多人還是願意在 Line、朋友圈或臉書裡面狂發遊戲截圖，甚至還有人說『遊戲太好玩毀了我的生活』。」

　　「沒錯，而且遊戲裡面的這隻笨鳥根本不會飛，所以需要玩家不停地點擊螢幕，只要手一停，小鳥立馬就直直地摔死在地上，而且每當玩家點擊螢幕，小鳥都會發出『呼哧呼哧』拍打翅膀的聲音。除此之外，此遊戲還有三

第三章　史金納講「行為」

大特點。」

史金納教授介紹道：

特點一：畫面粗糙。你肯定以為我會說它的畫面感特別好，超清晰，對不對？答案是，不對。那，就是 3D 的？不對。什麼？ 3D 都不是，那一定就是 4D ！恭喜你，還是不對。告訴你，這個畫面簡直是粗糙得不能再粗糙了。像素遊戲你懂嗎？就跟我們最開始拿 gameboy 遊戲機玩的魂鬥羅、坦克大戰一樣。而且，遊戲裡面的障礙，水管長得和超級瑪利歐那貨鑽的水管一模一樣，這位越南的開發商還因此被任天堂公司起訴，理由是涉嫌侵犯超級瑪利歐的遊戲元素。

特點二：玩法簡單。上面我們已經講過了，這玩法也是簡單得不能再簡單了，準確度、手速、技巧什麼的根本不需要，點螢幕就行了。就這樣，這遊戲還不是首創。這款遊戲只是那位越南人在百忙之中抽出三天下班後的空閒時間完成的。

特點三：速度極慢。你肯定又以為我會說，是不是這遊戲和「找你妹」一樣，需要很快的手速，或者和樂動達人似的？不對。Flappy bird 號稱史上最反人類的小遊戲，game over 的速度簡直快得不能再快了 —— 平均幾秒鐘就會死一次。

那麼這樣一款渣得不能再渣的遊戲是怎麼一瞬間爆紅，還搶了植物大戰殭屍在 App Store 遊戲榜單的第一名呢？

史金納教授笑道：「有人說它是利用機器人刷榜，還有人指出這是娛樂炒作。不過，諸如此類的問題我們今天一概不討論，直接分析另一個最主要的因素 —— 心理因素。」

　　試想，如果有一天上班午休或者課間，你手中拿著植物大戰殭屍二自己剛破的新關卡想去和你的夥伴們炫耀一番，沒想到，他們個個都極不耐煩地回覆你一句，「去去去，我忙著呢，沒空理你。」

　　你一定覺得這兄弟們今天心情不太好，沒關係，便又去找你的二號夥伴，沒想到他也是不屑一顧，連理都沒理你，你的三號四號，一直到第一百號夥伴都是這個態度。不用想，你的心中一定充滿疑惑，「他們今天都是怎麼了？」深入調查之後，你發現他們全都迷上了一個新遊戲 —— Flappy bird，且欲罷不能。

　　「根據我的操作制約原理，是你的行為導致了你心情的不愉快，所以你就會拒絕這種行為再次發生。所以，你一怒之下卸載了植物大戰殭屍，安裝了 Flappy bird。之後你就會發現，這遊戲怎麼這麼難啊？」（見圖3-3）

如果你的行為導致了你的不愉快，你就會拒絕此類行為再次發生。

圖 3-3　條件反射與行為

　　史金納教授繼續說：「我知道，你一定對此深表疑惑，這破遊戲到底有多難？遊戲中的小鳥每飛過一根管子就會獲得一分，一局拿個百八十分不是容易得很嗎？錯！大錯特錯！對於一個新手而言，第一次能拿到五分，那就是奇蹟中的奇蹟了。一個小小的失誤就會讓你的小鳥一頭撞死在水管上。」

　　你看著慘不忍睹的分數，立志要突破五分。於是，你屢戰屢敗，屢敗屢戰，終於上天看到了你的誠意，讓你手中的小鳥成功地飛過了八根管子。

　　操作制約的原理又一次在你身上驗證了，相比於普通簡單的遊戲，一款

第三章　史金納講「行為」

難度極大的遊戲必然能在你獲得高分之後帶給你更多的滿足感，讓你的心情激動無比。為了再次得到這種前所未有的滿足感，你又會埋頭去挑戰這個遊戲。

如此循環，你就深深地愛上了那只「呼哧呼哧」的小鳥。

有一次，你破天荒地拿到了十一分，便想發到微博或者朋友圈裡面顯擺一下。你的小夥伴都對你的分數羨慕不已，甚至還有妹子偷偷地找你要手機號請你教她玩 Flappy bird。正在你沾沾自喜之時，可怕的事情發生了。

你一覺醒來，發現臉書上面又有人把自己遊戲的截圖貼了出來，而且全是關於 Flappy bird，隔壁家老李的孫子剛剛玩出了十五分的高分，班上不愛說話的學霸小王破了二十分，就連學校清潔工的成績都達到了十六分。

你再一次找到了目標，發誓不破三十分今天就不睡覺……（見圖 3-4）

圖 3-4　你為什麼玩遊戲

正是 Flappy bird 遊戲的高難度激發了大家心裡的挑戰欲望，每多過一關就會讓你更加興奮，那可是在無數次失敗後才多出來的一分。這樣的刺激讓大家拚命地想刷新自己的記錄，外加周邊朋友暗地較量，Flappy bird 傳播越來越廣。

其實，不光 Flappy bird 是這樣，找你妹，打飛機以及瘋狂猜圖等之類的遊戲都是同樣的道理，依靠玩家努力尋求自我滿足的心理和病毒式的口碑傳播。

除此之外，它還抓住了現代網遊的一個弱點——無差別競爭。很多大型網遊儘管製作精湛，操作複雜，但是只要狂砸新臺幣，搞到一流的道具裝備，拿第一名不是問題，這樣以營利為目的的遊戲恰恰毀了大眾的樂趣，而 Flappy bird 這類小遊戲正好滿足了我們心中只是單純地想玩玩遊戲的初衷。

夏曉楠點點頭：「如此說來，這樣一款製作簡單的遊戲能登上 App Store 的榜首倒也不足為怪。」

第三節　強迫症是怎麼一回事

課間休息，孫昱鵬吃了一塊巧克力後，就一直拿紙巾擦手，直到手上一點巧克力漬都沒有為止。

史金納教授看到後問：「你是不是有強迫症？」

孫昱鵬一臉茫然：「我也不知道啊……」

「你是不是有時候十分鐘內連續洗好幾次手，卻還是覺得沒有洗乾淨？你是不是每次出門都要反覆查看門鎖好了沒有，哪怕你很清楚地記得自己鎖了？你是不是一定要把所有的東西按順序排列，否則心裡就會特別難受，一整天都坐立不安？」

孫昱鵬點點頭，不少同學也都點了點頭。

「如果你的行為符合或者類似上面所描述的，那麼恭喜你，你掌握了新技能——強迫症。」

第三章 史金納講「行為」

夏曉楠知道，強迫症患者常常被一些毫無意義，甚至違背自己意願的想法所控制，並因此而感到焦慮，承受巨大的痛苦，甚至還會嚴重影響學習工作和正常的起居生活。

史金納教授說道：「這種病症的具體病因目前為止尚無定論，但可以推測出，它與我們的心理狀況、生活環境、遺傳等多種因素有關。詳細了解後我們還會發現，有強迫症的人普遍都是完美主義者，對自己和他人要求甚高，大部分患者都來自較高的經濟階層，他們因過分追求完美而變成了一種病態。」（見圖 3-5）

強迫症成因雖然尚無定論，但可以推測出，它與我們的心理狀況、生活環境、遺傳等多種因素有關。

圖 3-5　強迫症受多重因素影響

美劇《生活大爆炸》中的 Sheldon 就是一個典型的完美主義者，當然，也是一個超變態的強迫症患者。他會給自己的所有物品都貼上標籤並編號，就連他的標籤上面都有一個編號。衣服不能有一點褶皺，同時還要按季節、顏色分類。從週一到週日，每天晚上吃什麼，在哪裡吃，什麼時候逛街，甚至早上幾點上廁所都會詳細安排。如果有人無意間破壞了他的生活規律，他便會一天都極其不自在，從早到晚惦記這件事，就算那個人是自己的好朋友，也會毫不留情地跟他絕交。

說到這，你可能已經對強迫症有了一個印象，下面讓我們來更加詳細地分析強迫症的表現。

強迫症的主要臨床表現有兩種，一種是強迫思維，另一種是強迫行為。強迫行為與強迫思維兩者是息息相關的，但有一點需要我們注意，就是強迫症患者的強迫行為並不是為了滿足自身的快感，而是為了擺脫或者減輕強迫

思維帶來的焦慮和恐慌。對於這一點，需要我們運用史金納教授的操作制約去理解。

我們都知道，操作制約的原理是無意間的行為使內心產生愉悅感，然後這種愉悅感又會促使我們去重複之前的行為。

很多強迫症患者在倍感焦慮、飽受強迫思維折磨的時候，無意間做了某個動作，突然發現內心並不是那麼痛苦了，便一而再再而三地重複那個動作，最後形成了強迫行為。

圖 3-6　潔癖與強迫症

比如，你一直懷疑自己是否關好了門窗而不去檢查，你內心就會認為今天晚上下班回家時家裡已經被洗劫一空，或者有殺人犯、強姦犯之類的躲在你的家裡。這種情況下，唯有回家去檢查一遍門窗才能感到安心，驅除恐懼。潔癖強迫的人就會把不洗手、觸摸到公共場合的東西這些事情想成自己日後生病、死亡的原因，為了不讓自己患傳染病、身體被病菌侵蝕的事發生，只好一遍又一遍地洗手。（見圖 3-6）

當然，也不是每一個有強迫思維的人都會有強迫行為。就以剛才提到過的殺害性強迫為例，有些患者內心會有很強烈的自殺的想法，但因為理智上的抑制，很少會有人任憑這種想法為所欲為。

第三章　史金納講「行為」

史金納教授繼續說道：「那我們如何治療強迫症呢？這就要請出一個神奇的治療方法 —— 森田療法。」

森田療法的基本原則是「順其自然」。所謂順其自然，並不是指讓強迫症為所欲為地干擾患者的生活。它要求我們把煩惱、猶豫當作人的一種自然的情感去接受和認可，而不是一味地排斥，否則這種「求之不得」的心理就會變成一種思想矛盾，像強迫症患者那樣，因為糾結如何擺脫強迫症而越陷越深，導致正常生活全被攪亂。所以正確的做法是學會帶著症狀去生活。

史金納教授舉了個例子：「如果明天有一場重要的升學考試，但是你現在什麼都沒有複習。這時，你的內心一定會感到煩躁、焦慮，這些都是正常的生理反應。如果你沉浸於此，一直在糾結『明天要考了，我還什麼都沒有複習，怎麼辦怎麼辦』，這樣不光浪費了你的時間，起不到任何實際的作用，還會使你變得越來越緊張。相反，如果你選擇不去想這種情緒，那它很快就會消失並且成為你複習的動力。」

其實，每個人都會有一點強迫症，它們沒有所描述的那麼恐怖。很多人在看到討厭的人站在自己面前洋洋自得地說個不停的時候，都會出現想讓他消失的念頭，或者在摸過錢、小狗之後會覺得很髒、不乾淨而想去洗手，以及出門反覆思考是否鎖門。

正常人與強迫症患者的區別在於，前者對於這些稀奇古怪的想法置之不理，該幹什麼就去幹什麼，或者睡上一覺也可以，過上幾個小時甚至幾分鐘之後，這些想法自己就銷聲匿跡了。

史金納教授說道：「所以，生活中，我們不光要寬恕別人，還要學會寬恕自己。把時間精力都放在沒有必要的小事上面，只會讓我們越來越脫離原來的軌道，儘管有人曾說『一屋不掃何以掃天下』，但是偶爾不拘小節一下，也

不足為奇。」

第四節　女漢子是如何養成的

「各位都知道世界末日吧？」史金納教授問，「2012 年馬雅人的世界末日看似風平浪靜，什麼都沒有發生，但是有一種神奇的物種悄無聲息地走入了我們的生活中，那就是 —— 女漢子。」

一聽女漢子，在座的男生都嘆了口氣。

史金納教授笑著說道：「首先，我們來為女漢子下一個定義。那種性格豪爽，獨立，有男子氣概，且內心和行為酷似純爺們兒的女性就是傳說中的女漢子。這樣說可能還是很模糊，下面就為大家列舉出女漢子的標誌性特點。」

穿衣篇：女漢子這類生物往往厭惡化妝，本著不洗頭不見人，不出門不洗頭的原則過活，並且當她們看到別的女孩子濃妝豔抹時，內心只有一個想法 —— 矯情。粉紅色無疑是所有女漢子最討厭的顏色，公主裙自然而然就成了她們吐槽的主要目標，逛街、去美容院、去美甲店什麼的都不是她們的興趣所在。對她們來講，牛仔褲、t恤這類簡單樸素幹練的衣服永遠都是首選。

技能篇：女漢子本身自帶技能很多，比如可以單手擰瓶蓋，扛兩袋稻米奔上十幾層高樓，掰手腕完虐男生，等等，她們大多都熱愛運動，在遊戲的世界裡很多也是大神級別的人物。

性格篇：性格直爽、開朗，不拘小節，對人熱情。對待朋友十分講義氣，很容易和男生交朋友，不會像其他女生那樣一和異性說話就臉紅、手心熱、心跳加速。

愛情篇：女漢子的男朋友總是很無奈地說，我給你講黃色笑話是為了讓你害羞，不是讓你講個更黃的給我。她們也常常被男朋友指責，書上說女孩子笑起來好看是指那種不露齒、嬌滴滴地笑，不是你那種拍著大腿放蕩不羈地狂笑！

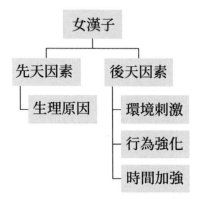

圖 3-7　女漢子是怎麼形成的

「如果你符合上述內容，那麼祝賀你，你已然成為了一名女漢子。」史金納教授壞笑著說，「時至今日，女漢子的出現依舊是個謎，不過根據分析，我們總結出了兩條可能性。」（見圖 3-7）

可能性 No.1 —— 先天生理因素。當我們還在媽媽肚子裡，是一個小小的受精卵的時候，我們是沒有男女之分的。有過懷孕經驗的人都會知道，一般只有在懷孕四個月後才能看出性別來。

如果受精卵裡面存在 Y 染色體，那麼我們的性腺會轉變成睪丸，由睪丸分泌雄性激素；相反，如果沒有 Y 染色體，性腺則會變成卵巢，分泌雌性激素。

只要雄性激素或者雌性激素輕微性地升高就會導致一個女孩有男性化的傾向，或者一個男孩有女性化的傾向。這也就是為什麼在懷孕期間，孕婦不

能亂服藥，就連飲食行為也得非常注意。

可能性 No.2 —— 後天行為因素。一個行為所來帶的結果會影響我們日後是否重複這個行為。在此基礎上，我們要引入一個新的概念 —— 強化理論。

強化理論分為兩種，一種是積極強化，一種是消極強化。所謂積極強化是指透過愉快的刺激來增加主動觸發行為的機率，而消極強化是指透過減少不愉快的刺激來增加主動觸發行為的機率。

還是以白老鼠為例，當白老鼠在箱子中踩到某個按鈕之後，會得到從天而降的美食，那麼它一定會樂此不疲地狂踩那個按鈕，這就是積極強化。如果箱內的白老鼠在受到電擊的折磨，無意中踩到某個按鈕之後電擊就停止了，它也會一直踩那個按鈕，這種情況則屬於消極強化。

史金納教授說：「女漢子的生長環境大多都很艱苦，要是在艱苦的環境下不能做到自食其力，就算你是一個手無縛雞之力的小女孩，也會受到欺辱，比如，一些農村的女孩在很小的時候已經學會了自己做飯和照顧小弟弟小妹妹，甚至還會去地裡耕田或者外出打工。如果不這麼做，她們需要面臨的就是飢腸轆轆的夜晚，以及父母的指責批評。她們的內心可能也很渴望洋娃娃和漂亮的公主裙，可家境不允許。久而久之，她們習慣了這種生活，變成了一個個內心強大無比的女漢子。」（見圖 3-8）

環境讓一些女孩子的內心變得堅強起來。

圖 3-8　女漢子與環境

孫昱鵬急著問：「那有的女孩生長環境不錯，長大之後也成了一個女漢

子，這又是怎麼一回事呢？」

　　史金納：「別急，這就是我要說的第二種情況。想像一下，一個柔弱的小女孩在外面和小朋友玩的時候被欺負了，回到家哭著跟爸媽訴苦。她爸媽心想，孩子不能太寵，要鍛鍊她的獨立能力，便要求她自己的事情自己處理。女孩一定感到萬分無助，知道自己遇事就哭的行為不能換來想要的結果（也就是爸媽的安慰），下次再被小男生欺負的時候，她一定會衝上去，使出全身的力氣把欺負她的人推一大跟頭，從此小男孩就不敢欺負她了。於是，她發現相比於大哭大鬧，還是這種簡單粗暴的方法更有效。從此，她從一個哭哭啼啼的軟妹子進化成了一個高大強壯的女漢子。」

　　夏曉楠心想：其實女漢子並沒有什麼不好，相反，這樣的女生更討人喜歡，因為她們喜歡自己處理問題，凡事依靠自己。

　　由於性格偏向男生，女漢子們不會為小事斤斤計較，她們開得起玩笑，不像有些女生動不動就鬧小脾氣不理人。社會已經變得越來越複雜，女人比男人難混許多，正因為如此，女人才要變得更加獨立自主。

　　史金納：「和女漢子很像的另一類物種被稱作『偽娘』。偽娘是指性格軟弱或者貌美如花，長著一張比女人還妖嬈的臉蛋的男性。通常情況下，他們很容易被誤認為是女生，即使穿上女裝也毫無違和感。相信很多男生小時候都穿過媽媽的衣服或者裙子，但大抵這類行為會被父母看到後立即制止，甚至還會遭到懲罰和責罵。」

　　夏曉楠點點頭，根據史金納教授的操作性條件發射，日後他們就會避開這種行為。不過，也有一部分家長在看到自己家寶寶穿上女裝之後很好看，很可愛，就會不停地誇讚，說我家寶寶好美啊，讓媽媽親親之類的話，甚至拍照留念。如此一來，儘管這個小孩子知道自己是男的，但他還是會為了得

到媽媽的獎勵而去穿上女裝逗媽媽發笑。就是這種行為，造成了小孩子日後的性別認知障礙。許多從小練童子功學京劇的男孩常常會因為戲裡戲外角色的轉變而分不清自己的性別，直到很久以後才會發現自己原來是個男的。

李玉剛和《盜墓筆記》裡面的解語花就是兩個很好的例子，雖然他們性格並不娘，可是換上女裝之後完全可以以假亂真，迷惑大眾。

第五節　你和頂皮球的海豚沒什麼區別

「各位！大家都知道，前幾年的海豚救人事件引起了科學家的廣泛關注。人們把注意力從高等動物猩猩的身上轉移到了海豚身上。有些生物學家將海豚的大腦解剖，發現海豚的腦子是相當大的，平均腦容量占體重的 0.76%，再加上大腦上的迴紋多而密，甚至勝過了猿猴，所以無論是從相對重量、大小還是複雜性等方面，海豚的大腦無疑是很發達的。」史金納教授說道。

「是呀，海豚既溫柔，又聰明。」不少女生七嘴八舌地應和。

史金納教授一拍手：「沒錯！正因如此，外加海豚與生俱來的溫柔，在海洋館中我們常常見到海豚被馴獸師訓練做出一些高難度的動作，有時候馴獸師還可以騎在海豚的背上衝浪，這些動作對於其他生物來講，需要花費大量的時間去完成，甚至是幾乎不可能完成的。」

海豚頂皮球是海洋館中最常見的一幕。空中懸掛著一個色彩鮮豔的皮球，當海豚聽到馴獸師吹響哨子之後，便猛地向上一躍，用長長的嘴或是腦袋撞擊皮球，完成之後再樂呵呵地游回馴獸師的旁邊。

曾有試驗證明，海豚玩皮球是一種天性，在美國波士頓的一所海豚研究所裡面，工作人員建造了兩個籃球場那麼大的海豚池。

第三章　史金納講「行為」

在研究人員往池中丟進幾個彩色大皮球之後，不用教，海豚自己就玩起皮球來，一會兒就能自動用頭和嘴頂著皮球在水面上直立游泳。

就算是在池內放進 5 個用塑膠製造的人體模型，這群海豚見到後依舊會「玩興」大發，紛紛圍繞著模型遊戲，直到把模型推到池邊為止。

夏曉楠心想：大概沒有哪個海豚願意一天大部分時間都在頂皮球。海洋館中的海豚能附和馴獸師指令做出動作很大一部分是因為在頂完皮球之後，馴獸師會從桶裡扔出一條小魚獎勵它。所以，這種食物上的刺激應該才是它樂於頂皮球的真正原因。

史金納教授繼續說：「好！讓我們再回到我的操作制約上去。海豚和白老鼠一樣，在反覆的嘗試中，明白了只要自己碰到圓圓的皮球，馴獸師就會獎勵一條美味可口的小魚，因此，為了那條小魚，海豚總會樂此不疲地去頂皮球。」

大家都笑了，但是史金納教授沒有笑，他一臉正經地說：「在笑看海豚的同時，不妨也回過頭來笑一笑我們自己，我們和頂皮球的海豚其實沒什麼區別。」（見圖 3-9）

史金納教授給大家舉了例子。

圖 3-9　可以被馴服的人

（氣泡框內文字）透過操作制約，人也能夠被施以類似於被馴服的動物一樣的「魔法」。

一所學校的校長懷疑班上的三個學生抽菸，就分別把他們叫到辦公室來問話。第一個學生進去了，校長請他坐下，問「抽菸嗎？」學生說「不抽」。接著校長從袋子裡抽出一根薯條遞給那個學生，說「來一根吧。」那個學生連說謝謝，很自然伸出兩根手指夾了過來，然後叼在嘴裡。校長一看，大怒

道：「還說不抽菸？！」這個同學把事情的經過趕緊告訴了後面的兩個人，讓他們多多提防。

第二個學生進去了，校長問「抽菸嗎？」學生回答「不抽」。校長遞給他一根薯條，「吃根薯條吧。」有了前車之鑒，這個學生雙手接了過來。過了一會兒校長又問，「你不給班上的同學帶回去一根嗎？」同學點點頭，拿了一根順手夾在耳朵後面，校長大怒：「還說不抽菸？！」

第三個同學聽說了前兩個人的遭遇，小心翼翼地進了校長室。校長說「吃根薯條吧」，同學搖了搖頭，說：「不用，謝謝。」

魔高一尺，道高一丈。不管這些學生如何小心謹慎，在校長那裡還是輸在了條件反射上面。對於條件反射，所有生命的表現都是一樣的。就算是人類這樣的高等動物也曾經有過「畫餅充飢」、「望梅止渴」之類引人發笑的事情。不過條件反射會給可愛的海豚們帶來食物，給這幫學生帶來的卻是懲罰。

仔細一想，其實我們每個人都像一隻頂皮球的海豚。海豚為了食物去完成各種難度的表演，而我們也在完成各種難度的工作，金錢地位抑或是其他我們想要的東西就像是表演結束後的獎勵 —— 一條小魚。

夏曉楠點點頭，他舅媽就對 6 歲的兒子施行了獎勵制度，目的是讓他能乖乖按父母的要求做事。比如，舅媽會告訴兒子：「寶寶，只要你堅持一個月保證自己的小書桌是乾淨的，媽媽就給你買你最喜歡的玩具。」小孩子似懂非懂地點了點頭，這一個月，孩子每天睡覺前都會整理自己的書桌。然後，他就會順理成章地獲得之前家長提到過的玩具。時間一長，孩子的意識中就會形成這樣的一個連繫：整理書桌等於有玩具。

第三章　史金納講「行為」

　　其實這樣的行為十分常見，也並無壞處。但是很有可能，就在這家的爸媽自以為自己的**寶寶**養成了一個好習慣的時候，有一天，小孩突然就不再堅持每天收拾書桌了。父母詢問他原因，小孩會說：「我收拾了書桌，但是你沒有給我玩具。」如果這家的爸媽聽了孩子的話之後立刻去買玩具來獎勵小孩，那麼時間一長，當這個小孩子長大之後會以此為由要求爸媽給他買更昂貴的東西，或者，從此罷手再也不整理房間了。只不過，這隻「小海豚」腦海中形成的條件反射對他的成長貌似不是很有益處。

　　史金納教授說道：「員工為了月底時，老闆匯進戶頭中的那一條小魚而努力工作。就連海豚的老大 ── 馴獸師，也逃不過這個循環，他們也像海豚一樣，一次又一次地表演那些重複的動作去博得觀眾的開心，然後等待放到他們嘴裡不同的小魚。

　　各位知道『巴夫洛夫很忙……巴夫洛夫正在死亡』這句話嗎？家人朋友來到巴夫洛夫家的門前，想與他寒暄幾句，可是卻被巴夫洛夫拒之門外。他不是冷血，不是在向萬能的主禱告，不是在立遺囑，他在利用人生最後的時刻，不斷地向坐在身邊的助手口授生命衰變的感覺和自己日漸糟糕的身體狀況，為科學留下更多的材料。

　　大家都學過這篇課文，也對巴夫洛夫教授更加敬佩。

　　巴夫洛夫也是一隻海豚，但是他頭頂上的皮球是對科學的實驗研究與突破，而馴獸師手裡的那條留給他的魚，是人類在生物科學上的另一個里程碑。」史金納教授說。

第四章
榮格講「性格」

　　本章透過四小節，詳細介紹了心理學中的性格問題。內容詳實風趣，文字幽默易懂。本章中的教授榮格被公認為偉大的心理學家，他用大量佐證及遊戲傳播了自己的心理學思想，同時讓讀者在讀透心理學的同時，也能在生活中對性格有一定的了解。本章適用於希望了解性格的讀者。

卡爾・榮格
(Carl Gustav Jung)

瑞士心理學家。一八九五年，榮格進入巴賽爾大學主修醫學，在校期間發表了關於神學和心理學的演說，但在學習過程中，他逐漸放棄了神學，轉向精神醫學研究，並進行了很多臨床試驗。榮格曾與佛洛伊德合作進行理論研究和探討，但後來二者在理論上產生了極大的分歧。榮格認為「情結」是控制人心理的一個重要因素，而每個人的人格也會因為「情結」而不同。

榮格曾任國際心理分析學會會長、國際心理治療協會主席等，並創立了榮格心理學學院。他的理論思想和研究方法對心理學研究產生了深遠影響。

第一節　為什麼他們的人緣這麼好

　　孫昱鵬想約一個女同學吃飯，但卻不好意思開口。張棟興嘲笑他：「你平時跟我們不是挺能說嗎？怎麼一到關鍵時刻就掉鏈子？長這麼黑，還害羞？」

　　孫昱鵬惱羞成怒要打他，張棟興趕緊躲開：「哎呦，該上心理學了，我先走了！」

　　到了課堂，榮格教授正好在說開場白：「你們是否經歷過這樣的畫面：午休時間，辦公室或者教室中的一群人坐在一起，嬉笑打鬧，開心地聊著當天的新聞八卦。你羨慕地望著這群人，迫切地想走過去成為他們中的一員，可

第四章　榮格講「性格」

是卻因為害羞或者膽怯而敗下陣來，最終只能獨自一人吃著午飯或者忙著手頭的工作，心中默默唱起『我寂寞寂寞就好，我不需要人來安慰我……』你的腦海裡，一定問了自己千百遍『為什麼他們的人緣這麼好』？」

張棟興聽完，壞笑著戳了戳夏曉楠，他倆一起對著孫昱鵬笑了起來。

榮格教授莫名其妙地看了三人一眼，繼續說道：「有的女孩長得漂亮，但卻性格孤僻，私下也寡言少語，但母胎單身一直交不到男朋友；但是有的女孩儘管相貌平平，一舉一動都十分惹人喜愛。」

張棟興點點頭：「是呀，樂嘉解釋說，性格的不同導致了人際關係的不同，如果你天生內向，不愛交流，那麼就算有人主動找你聊天，也一定會被你的沉默弄得不知所措。」

榮格教授：「我們都知道有的人內向，有的人外向。究竟什麼是內向，什麼是外向呢？我來給各位具體解讀一下。」

一九一三年，在慕尼黑國際精神分析會議上榮格第一次提出了內傾型和外傾型這兩個概念。

這兩類性格是根據人類的心理能量指向來劃分的。當一個人心理能量的活動傾向於外部環境，這類人就是外傾型，也就是我們所說的「外向」；如果傾向於自己，那麼就是內傾型的，也就是「內向」。（見圖 4-1）

> 當一個人心理能量的活動傾向於外部環境，這類人就是外傾型；如果傾向於自己，那麼就是內傾型的。

圖 4-1　外傾型和內傾型

通常情況下，外傾型的人更加關注外界活動，他們活潑開朗，喜愛交際；而內傾型的人則更注重於主觀世界，經常沉思內省，性格孤僻，冷漠寡言。

一個人生來就是外傾型的性格，喜歡和他人交流，那麼他的人緣一定不會很差。

榮格教授說道：「美劇《生活大爆炸》裡面的 Penny 就是一個外傾型的女孩，再加上惹火的身材與臉蛋，走到哪裡都討人喜歡。相反，博士 Raj 一看到女孩就會臉紅，如果不喝上兩杯，連跟女孩說話的勇氣都沒有，所以他生活上的好朋友也只有幾個。不過人緣不單單是由先天性格決定的，還有一部分與後天的個性息息相關。」（見圖 4-2）

夏曉楠點點頭。不錯，有的人可能性格很內向，假如他生活在一個複雜的交際圈裡面，那麼他會被環境逼迫變得善談。《紅樓夢》裡面的林黛玉就是一個典型的多愁善感的內向女孩，但是大觀園這個水深且渾濁的地方慢慢將她打造得八面玲瓏，和誰都能說上一兩句。

火先生　　水先生

圖 4-2　火先生與水先生

還有《鹿鼎記》中聰明伶俐的韋小寶也是因為自小就生活在妓院，後來陰差陽錯來到宮中做了一個假公公。妓院、皇宮這兩個地方都十分能鍛鍊人

第四章　榮格講「性格」

的交際能力，所以書中的韋小寶既能在靈蛇島化險為夷，又能巧妙地從胖頭陀手下逃走。就連素未相識的陌生人都能與他稱兄道弟，皇上、天地會的朋友以及洪教主都視他為親信。他的人緣可是數一數二的。

張棟興說道：我曾經遇到過一個英語外教，名叫 James。記得第一天上課，他很快就跟我們打成一片，有說有笑。有時見到有人在他的課上吃東西，他就會拍一拍自己圓滾滾的肚子，自嘲「你想變得和我一樣嗎？那就繼續吃！」由於他幽默的語言，滑稽的動作，班上的學生都很喜歡他。就算是課下，他也會表情誇張地跟我們打招呼。不了解的人一定會說他是個外向型、性格開朗的教授。實則不然，另外一位教授跟我們聊起 James，說「James 是個很害羞的人，每次上課以前他都特別緊張，以至於有時候十分鐘要跑好幾趟廁所」。事後，我和 James 有一次聊天提起這件事，他撓了撓頭，告訴我其實他不是看上去那麼的健談，因為他是一個教授，為了不讓課堂變得死氣沉沉，不得不想辦法勾起學生們的興趣，引大家發笑。

榮格教授撫掌笑道：「不錯，謝謝你的例子。由此可見，後天的環境的確是塑造人個性以及人緣的一個重要因素。再回過頭來細數我們身邊的朋友，其實很多都是如此，被學校或者工作環境逼迫得不得不去跟人交談。好比你是一個記者，但是你又尤為內向，如果你不強迫自己去和別人溝通，那百分之百你會很快丟掉這份工作。」

無論是先天的外傾型性格還是後天培養出來的健談，這些也只不過是人緣好的一部分因素，更多的關鍵緣由則是你這個人品格的好壞。

莫泊桑筆下的「漂亮朋友」，最初憑藉著自己的一張嘴和好看的相貌與很多上層社會的人交上了朋友，後來還收穫了愛情，可是久而久之，他花心、惡毒、空無實才的真實面貌一一暴露在眾人眼中，導致很多人對他心

懷不滿。

　　儘管故事的結局暗示他日後會步步高陞，不過惡人早晚會有惡報，相信他優雅的假面會被越來越多的人揭穿，流落街頭無疑是他最終的宿命。

　　榮格教授總結：「所以，無須去羨慕他人，一顆耿直的心遠遠好過那些花言巧語的嘴，只要你有一顆正直善良、樂於助人的心，總會有人發現你的光芒並且願意與你成為至交，哪怕你這個人再怎樣害羞，也會收穫很多朋友。」

第二節　你有幾個性格

　　孫昱鵬問：「榮格教授，我覺得我有時候很開朗，有時候又很害羞，這是怎麼回事？奇怪嗎？」

　　榮格搖搖頭：「當然不，相信每一個人的內心裡都居住著好幾個不同的性格，在不同的時候，他們會偷偷跑出來，沒有人是純粹的外傾型或者內傾型，絕大多數人都是兩者兼有的中間型，只是在不同的場合應對不同的情景，體內的某一種性格占據了主導地位。仔細想想，你自己是不是有時候在眾人面前表現得無拘無束，不拘小節，卻會在深夜裡觸景生情，隨落花而落淚。」（見圖 4-3）

多重性格不等於多重人格，多重性格幾乎每個人都有，但多重人格則是一種精神疾病。

圖 4-3　多重人格與多重性格

　　聽到「隨落花而落」淚這句，夏曉楠和張棟興又壞笑起來。

　　榮格教授：「在分析多重性格之前，

第四章　榮格講「性格」

我們要先區分一個定義，儘管兩者聽起來相像，但是多重性格不等於多重人格。」

多重性格是幾乎每個人都有的常見現象，誰沒有過莫名其妙地為小事多愁善感或者猛地一瞬間變成了話癆的經歷呢。而多重人格是一種罕見且不可治癒的心理疾病，是指一個人同時具備兩種以上完全不同的人格，這些人格會在你毫無察覺的時候突然冒出來。

通常，一個多重人格的人是不會察覺到自己是多重人格的，而多重性格的人記得自己是誰，上一時刻發生了什麼，甚至可以找出讓自己性格轉變的原因。

夏曉楠想到，潘瑋柏出過一張唱片，裡面的主打歌是《二十四個比利》，歌詞寫的是「我是我，他是我，你是我，那我是誰？」許多歌迷感到疑惑，不知道這歌唱的是什麼東西。

其實這首歌的靈感來自丹尼爾‧凱斯的小說《二十四個比利》。這本書的主角比利‧密立根由於涉嫌多起強暴案件於一九七七年在美國俄亥俄州被捕，奇怪的是他對於自己的這些罪行居然毫無記憶。因為他本人就具有多重人格，包括比利‧密立根在內，他一共有二十四個不同年齡、性別、國籍和智商的人格，比如二十二歲充滿仇恨、有暴力傾向的雷根，躲在角落裡，年僅三歲的克麗絲汀以及克麗絲汀的哥哥克里斯朵夫，還有女流氓艾浦芳，等等。

很難想像，一個人是如何同時承受這麼多的角色，每個人格都會在不同的時間內單獨出現，想像一下，如果一個多重人格患者一邊搶銀行一邊報警求救，說「快來救我啊，這裡有人搶銀行」，那畫面該有多搞笑。

　　榮格教授說道：「一個人可以說自己有多重性格，但萬萬注意不要把兩個概念混淆，說自己有多重人格，不用說，那一定會嚇跑小朋友的。接著，就讓我們來具體討論一下個體性格的多樣化。

圖 4-4　星座

　　「之前我們已經講過了，根據心理能量的傾向可以將人分為內傾型和外傾型兩種。同時，人的心理活動分為感覺、思維、情感和直覺四種基本機能。感覺告訴你存在著某種東西；思維告訴你它是什麼；情感告訴你它是否令人滿意；直覺則告訴你它來自何處和向何處去。」

　　按照上面四種技能與兩種性格傾向的排列組合，人的性格可以分為八種。為了幫助理解，就用大家熟悉的星座來舉例。（見圖 4-4）

1. 外傾思維型

　　具備這種性格的人外向，偏重於邏輯思維，凡事都要以客觀事實或者資料為依據，透過與外界之間的接觸來激發自己的思想過程。有時會壓制自己內心的情感，缺乏鮮明的個性，甚至會衍生為冷漠、傲慢等性格特點。水瓶座就具有類似的性格。

2. 內傾思維型

　　與第一種相反，這一類比較人沉默，不那麼善於交際。除了借助外界訊息來進行思考外，還經常沉思反省自己的精神世界。同樣會壓抑自身感情，喜歡沉溺於幻想，有時候固執，剛愎，容易驕傲。天蠍座是典型的代表。

3. 外傾情感型

　　這類人無疑是比例最大的一類，深受大眾喜愛，他們開朗，喜怒哀樂都表現在臉上，好交際，尋求與他人和諧，又注重感情。三觀正常，只可惜思維上不如前兩種靈敏。多數火象星座都有類似的特點。

4. 內傾情感型

　　內向又敏感。這種類型的人思維壓抑，喜歡把自己的內心世界包裹起來，保持隱蔽狀態，不願意讓他人察覺。他們的喜怒哀樂常常是由內在的主觀因素而決定。憂鬱症的發病率在這一類人中尤高。多愁善感的巨蟹座無疑是這一類性格的代表。

5. 外傾感覺型

　　既外傾，又偏向於感覺功能。他們時刻保持頭腦清醒，外部世界的經驗積累多，隨意，不固執，對事物並不過分地追根究底，大多數都是享樂主義者，壓抑直覺。和這一類人戀愛往往很吃虧，因為他們喜歡追求刺激，對待情感淺薄。花心的射手就屬於外傾感覺型。

6. 內傾感覺型

　　內向並且依靠感覺做事。他們遠離外界，常沉浸在自己的主觀感覺世界中，情緒行為深受心理狀態的影響。大多數藝術家都出於此。完美主義，有一點小清新的處女座就是如此。

7. 外傾直覺型

　　喜歡憑藉直覺做事，這類人力圖從外界事物中發現各種可能性，並不斷追求新的可能性。再加上開朗、善談的性格，他們十分有可能會成為新事業的發起人，不過容易半途而廢，需要努力堅持到底才能成大器。顧慮極多的雙子座往往就是如此。

8. 內傾直覺型

　　與上一種性格的人相同，喜歡依靠直覺，不同的地方是他們選擇去從精神現象中發現各種可能性，不關心外界事物，善幻想，典型的理想主義者，觀點新穎，偶爾會有一點稀奇古怪，讓人不知所措。摩羯座的人逃避不了這樣的命運。

　　榮格教授：「這就是我總結出來的八種基本性格，但是根據實際情況來看，許多人有著兩種以上的性格，甚至有的人八種都具備。每個人也都可以靈活巧妙地運用感覺、思維、情感和直覺四種基本機能，只不過側重點不同罷了。」

　　無論是外傾型還是內傾型的人都有機會成就大事。所以，如果你看到你的朋友本來是屬於性格孤僻、不愛交談的內傾型人，突然站在臺上像領導人一樣幫助大家指點迷津，談規劃，聊理想，你也不用過於感到稀奇，那只不過是他多種性格中外傾型的那一個偷偷跑了出來而已。

　　榮格教授：「廢話不多說，各位趕緊依照自己平時的行為舉止，來找一找自己到底有幾個性格吧！」

第三節　羊群去哪裡了

榮格教授笑道：「前一段時間馬航飛機事件不由得讓人想問一句『飛機去哪兒了？』現在，我要提出一個新的問題 —— 羊群去哪兒了？」

大家不由得面面相覷。

榮格教授給學生們展現了這樣一個場景：

在一片遼闊的大草原上，許多隻羊簇擁在一起安靜地吃草。這個時候，如果碰巧有一隻羊有一點無聊，就自顧自地向遠處蹓躂，想欣賞一下前面的風景，但是，這麼一個小舉動可能會導致剩下的羊不假思索地跟著一哄而上，全然不去思考這樣做的意義，也不考慮不遠處等待他們的是一隻飢餓的灰太狼還是風景秀美的青青草原。

不光如此，如果你在一群羊面前橫放一根木棍，假如第一隻羊跳了過去，那麼第二隻，第三隻也會跟著跳過去，就算這個時候你把木棍拿走，後面的羊也會照舊模仿前面羊的動作，走到那個位置，然後向上跳一下。

這就是著名的「羊群效應」，也被稱作「從眾心理」。

「這樣的現象不單單發生在羊群之中，在我們的日常生活中也比比皆是。實驗表明，人群之中只有四分之一到三分之一的測試者沒有發生過從眾行為，保持了獨立性。我們常常受到多數人的影響而無法自己判斷，認知上表現出符合於公眾輿論或多數人的行為方式。比如，逛街的時候，當一家店鋪的門口聚集了很多人時，我們也會忍不住跟著走進去看一看，儘管我們根本不知道這家商店裡面賣的是什麼東西。」榮格教授說道。

首先，讓我們來看看經濟學對此的解釋。

羊群效應最早出現在股票市場中，很多新入手的投資者由於訊息的不充分和對現狀的不了解便會盲目地效仿別人，購買大家都在購買的股票。調查結果顯示，即使在股票行情上升的大牛市中，仍然有近乎三十％的投資者是虧損的，一個重要原因就是盲目從眾。

從眾行為不僅讓投資者放棄了自己的想法，冒著極大的風險下注，同時還加劇了市場的波動，在股市漲的時候投資者的熱情也隨之高漲，股市跌時則搞得人心惶惶，甚至還有可能出現泡沫經濟。

從眾心理受到群體因素、情境因素和個人因素共同影響產生。

圖 4-5　從眾心理

榮格教授說道：「具體分析之後我們可以發現，從眾心理主要由三個因素導致。」（見圖 4-5）

第一個就是群體因素。一般來說，群體大規模地一致同意某個觀點時比較容易使個人產生從眾行為。

想像一下，你去參加一個音樂會，在最後一首曲子演奏完之後，從第一排開始每一排的人都依次站起來鼓掌，輪到你這一排時，無論你是否真的喜歡這場演唱會，你都會跟著站起來鼓掌。其實，有可能整個觀眾席裡面，真正欣賞這場音樂會的人也不過幾個，最初站起來鼓掌的人也不過只有一兩個。

第二個是情境因素。當訊息模糊又在權威人士的影響下，個體容易產生從眾效應。安麗就是一個不錯的例子。安麗紐崔萊的產品多數都是經過美國權威機構研究出的成果，大眾對這一類產品現有的訊息了解得少之又少，兩者結合，導致許多朋友選擇購買安麗的產品。

第四章　榮格講「性格」

最後一個就是個人因素。根據性格分析與研究，人的性格主要分為外傾型和內傾型兩種。從眾心理在不同人的性格特點上反應也不同。內傾型的人內斂沉默，性格軟弱，逆來順受，多數情況下是不願意站出來提出自己的觀點或者特立獨行的，所以易於從眾。（見圖 4-6）

外傾型的人喜歡表現自己，突出自己與他人的不同，領導力強。相比之下，外傾型的人可能會對大眾的選擇提出質疑，然後表達自己的想法。

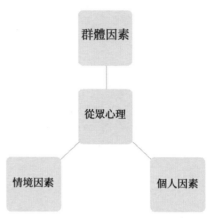

圖 4-6　從眾心理的三重因素

榮格教授發問了：「那麼從眾又有什麼弊端呢？」

夏曉楠：「盲目從眾可能會導致個性的消失。」

榮格教授肯定道：「不錯。現如今，有些家長希望自己的孩子有一技之長，也不管孩子的興趣與天賦盲目報名參加一些大家都在學的珠心算、鋼琴、芭蕾舞等才藝班，為的是讓自己家的寶貝贏在起跑點上。為了讓自家小孩多一些技能，便把週末甚至晚上的時間都用上，請人教她畫畫，學書法，談琴，到頭來什麼也學不精，勞民傷財不說，還把小孩玩的時間給剝奪了，影響了性格的發展。如果繼續下去，結果只有一個，就是小孩的個性消失。」

張棟興說道：「從眾會給人來帶匿名感，讓人做事無所顧忌。比如，過馬路的時候不管是紅燈還是綠燈，有車沒車，只要一個人帶頭闖紅燈，剩下的人便會跟著闖。就是這種從眾心理讓許多不文明、違背規則的事情成為屢禁不止的社會現象。」

孫昱鵬也說：「從眾心理附帶了湮沒感。群體的共同行為非常容易給個人帶來湮沒感，從而扼殺了奇思妙想的觀點，讓人沒有創新思維。」

榮格教授點點頭：「確實，眾所周知，今日留學已經成為大眾主流。很多留學生儘管手拿高分的成績單卻還是被美國大學拒絕，原因十分簡單：他們的思維不夠活躍。相對於亞洲的教育，美國的大學更重視學生的creativity，創新。他們偏重於培養年輕人的批判性思維，課堂上讓學生去自我發揮，就連考試的試題也是開放性的，沒有固定的標準答案。而東亞的教授則實施題海戰術，在書上畫好重點讓學生去背。課堂上教授問了一個問題，臺下卻鴉雀無聲，有的怕出風頭，有的明哲保身，無一例外其實都是從眾心理在作祟。」

「當然，也不是說所有的從眾心理都是負面的。在面對客觀存在的真理和事實面前，我們應當選擇『從眾』。例如『地球是圓的』『羊有四條腿』這些公認的常識是每一個人都認可的，如果你偏要站起來說『放屁，羊有七條腿』，那估計你極其有可能被人抬到精神病院裡面去。」

演講家馬丁‧路德‧金在發起黑人運動的時候，假設所有人都拒絕從眾，對他的觀點拼了命地反駁，那麼估計今天奴隸制還沒有廢除。像這樣的從眾就是積極的，值得弘揚的。

「總而言之，我們要學會運用自己的思維去思考問題，在看到別人都這麼做的同時還要想想這樣做對自己有什麼好處，以及這種做法是否正確，然後再決定要不要跟從。」榮格教授總結道。

第四章 榮格講「性格」

第四節 多種多樣的情結

榮格教授：「提到情結，儘管每個人的腦海裡都或多或少有一個概念，但若真要解釋這個詞還是有一定難度的。最早提出這個詞的人就是我，現在越來越多的人接受並認同情結的存在，它已經成為心理學上的一個重要概念。由於各派學說各持己見，我們很難給情結下一個準確的定義。

「我對其的理解，是無意識之中的一個結，可以把它想像成居住在我們內心的一群無意識的感覺和信念交錯在一起，形成了一個結。這個概念很抽象，它控制著我們的行為和想法。」

榮格教授的話，讓夏曉楠想到電影《馬達加斯加 3》裡面那只叫 Vitaly 的老虎，它就有一種「火圈」情結。Vitaly 以前曾是馬戲團的頂梁柱，為整個馬戲團帶來了無數的好評和榮耀，不幸的是，在一次跳火圈表演中，Vitaly 被火燒傷，從此馬戲團的名聲也一落千丈。數年之後，它依舊拒絕上臺表演，也不許別人再提陳年舊事，甚至看到以前表演用的鐵圈都會被嚇得失魂落魄。這個故事也體現了榮格教授的另一個觀點 —— 「原型」。

榮格教授認為所有的情結都是從一個原型演變來的，就像 Vitaly 的「火圈」情結是由於一次跳火圈表演的失誤，而且他所有的行為都在刻意或者無意地去逃避有關火圈的話題，這個「火圈」就是他情結的原型。

榮格教授說道：「我們每個人的心理都是由好幾種情結一起組成的，其中，只有造成有害行為的情結才被視為心理疾病。最常見的兩種情結叫做阿尼瑪斯和阿尼瑪斯斯，有點類似我們熟悉的戀母情結和戀父情結。」

阿尼瑪斯是每個男人心中都有的女人形象，它包含著女性身上所有男性喜愛的特點，可以理解為男人心中的「夢中情人」。榮格還認為阿尼瑪斯是

一種與生俱來的遺傳因素，是一個人的所有祖先對於女性的印象遺留下來的痕跡。

　　也正是因為阿尼瑪斯的存在，我們男人才會在和女性接觸時產生一些自然的生理現象或者情緒上的變化，所以只有與女人交往的過程中，阿尼瑪斯才能得以顯現。（見圖 4-7）

因為阿尼瑪斯的存在，男人才會在和女性接觸時產生一些自然的生理現象或情緒上的變化，所以只有與女人交往的過程中，阿尼瑪斯才能得以顯現。

圖 4-7　阿尼瑪斯人格

　　眾所周知，大部分男人最早接觸的女性是照顧自己的母親，所以母親往往是男人心中阿尼瑪斯的化身，即我們剛才所提到的原型。如果一個男人的母親性格變化無常，脾氣暴躁，那麼這個男人心中阿尼瑪斯的形象也就會表現出不好的一面，從而使他對女性的印象也是如此。相反，要是他的母親溫文爾雅，善解人意，阿尼瑪斯就會表現出類似的樣子，他對女性的印象也不會有太大的差別。

　　阿尼瑪斯斯與阿尼瑪斯的概念大致相同，只不過阿尼瑪斯斯是女人心中的男人形象。阿尼瑪斯斯可以是父親的形象，也可以是哥哥、叔叔、男教授

甚至是娛樂圈中的偶像。文學作品中的《青蛙王子》和《美女與野獸》就是少女心目中阿尼瑪斯斯的投射，對於尚未成熟的少女，她們心中的阿尼瑪斯斯是青蛙、野獸，而成熟少女的阿尼瑪斯斯則變成了王子。

　　榮格教授笑著說道：「除了幾種心理學公認的情結之外，隨著社會的發展，出現了多種多樣有趣的情結。最常見的一種是『約拿情結』。簡單地說，就是對成功的恐懼。其表現是很多人在面對機遇時產生自我逃避心理，不敢挑戰自己，完成本來可以做到更好的事情，無法挖掘出自己潛在的能力。」

　　夏曉楠在心理學課程上也學到過，約拿情結主要有兩個基本特徵，一方面是對自己成功的逃避，還有一方面是對他人成功的嫉妒，乃至幸災樂禍。這種情結其實十分奇怪，因為擁有這類情結的人本身是相信自己有能力，並且渴望成功的，但是又時時逃避，不願意展現自己。（見圖 4-8）

內在
逃避責任
躲避成功

外在
妒忌他人
幸災樂禍

圖 4-8　約拿情結

　　當約拿情結發展到極致，會變成「自毀情結」。就是當我們收穫幸福、成功時，會出現「我不配」「我受不了了」的念頭，摧毀原本到手的幸福。

　　「還有一種情結，叫做救世主情結。這是一種過度樂於助人的表現，」榮格教授說道，「有這類情結的人有著強烈的使命感，無時無刻不在思考如何解救他人於水深火熱之中。它和正常幫助別人的區別在於，有救世主情結的人總是幻想出別人的困難，放大他人的痛苦和需要，甚至不惜犧牲自己去滿足別人。一旦在助人時遭到拒絕，就會產生極大的心理波動，不管對方答不答應，死皮賴臉地追著要幫助別人。」

張棟興試探著說：「假設，一個女孩有救世主情結，碰巧她的男朋友又十分邋遢，那麼這女的一定會竭盡全力地幫她男朋友收拾屋子，監督他養成良好的習慣。可能這男生並沒有多大的毛病，只是喜歡亂放東西而已，但是在有救世主情結的人眼裡，這是自甘墮落，需要被拯救的表現，這樣一來，原本芝麻大小的問題被誇大，勞民又傷財。」

榮格教授讚許道：「沒錯。而我們要說的最後一種情結是最近尤為流行的一個詞 —— 處女情結，是指男人內心希望自己的女朋友沒有與別人發生過關係。很多人把這個視為尊嚴問題，其實不過是男性占有欲的一種表現罷了。有這類情結的人，輕者，嘮叨，心裡抱怨；重者，分手離婚。」

夏曉楠點點頭，確實，我們很難對此評價什麼。女人貞潔自愛的確是一件好事，但這畢竟不是一段感情裡面最關鍵的因素。

榮格教授回憶道：「我記得有一對情侶，他們在一起七年了。有一天，男的跟女孩說分手，原因是另一個女的跟他表白了，而且這女孩是第一次，他現在的女朋友不是。因為這個男人的處女情結，兩個人就分道揚鑣了，可是不曾想，男人和新歡結婚兩年後，女人為他懷了第一個孩子，生產的時候醫生走出來說：『真搞不懂現在的男人是怎麼想的，你老婆打過幾次胎啊，子宮膜薄得連孩子都保不住。』」

大家聽完後，都跟故事裡的男主一樣驚呆了。

榮格教授正色道：「話說回來，既然選擇了去愛一個人，就要接受她的全部，包括那段可能沒人願意回憶的過去。不要因為這種小事，而弄丟了那個真正愛你的人。」

第五章
艾賓浩斯講「記憶」

　　本章透過三小節，以圖文並茂的方式讓讀者對「記憶」
有了一定的了解。適用於希望提高記憶的讀者。

赫爾曼・艾賓浩斯
（Hermann Ebbinghaus）

德國心理學家。艾賓浩斯早年在德國波恩大學學習歷史學和語言學，並於 1873 年獲得博士學位。此後，他在費希納的影響下開始用實驗方法研究記憶，從而走上了心理學研究道路。

艾賓浩斯最重要的心理學貢獻是對於人類記憶原理的研究。他所提出的「遺忘曲線」至今仍是記憶研究領域不可或缺的組成部分，作為獎賞，心理學界也將他這一理論稱為「艾賓浩斯曲線」。

第一節　跟著艾賓浩斯教授背單字

「你借夏曉楠的遊戲機怎麼還不還？」張棟興打了孫昱鵬一下。

孫昱鵬一拍腦門：「哎！我又忘記了！你也知道我這腦子……」

夏曉楠說：「明天你一定要記得帶來，現在，我們先去上心理課吧！」

三人來到教室前，正好聽到艾賓浩斯教授開了口：「在介紹這一章的主要內容之前，我們先來做一個實驗。我給出三段長度在二十個字之內的句子，請你專心記憶，還要記錄一下自己記住每一個句子用的時間。」

第一個句子是「人們總會因為浪漫而記住一段感情。」看完之後，請你把書合上默寫，或者閉上眼睛在腦海裡默背一遍，然後算一算大概用了多久。

第二個句子是「帝高陽之苗裔兮，朕皇考曰伯庸。」看完之後，請你再次把書合上，像剛才一樣，默寫或者背誦一遍，然後記錄時間。

第五章　艾賓浩斯講「記憶」

最後一個是「asdfghjklmnbvcxz」。看完之後，請你繼續重複剛才的動作。

夏曉楠想了想，第一個句子是知名香菸品牌 Marlboro 代表的含義 ── Man always remember love because of romance only，翻譯成中文就是「人們總會因為浪漫而記住一段感情」；第二個句子的出處是兩千年前戰國時期楚國人屈原的名作《離騷》中的第一句話；而最後一句是什麼呢？

實驗結束後，答案不出所料。第一個句子最好記憶，因為是我們隨口就能說出的現代文，第二個就不是那麼的容易了，兩千多年前的楚辭和現在的語言比起來還是有一定的差異，但是多讀幾遍之後可以發現它的規律，因此也不是那麼難，而最後一排雜亂無章的字母費時就要長一些了。

艾賓浩斯教授笑著說：「最後一排，只是我從鍵盤最左邊按到最右邊然後再從下面一行倒著按回去所打出來的無意義字母。如果你記錄的時間精準，那麼你會發現，記憶第三個句子所用的時間是第一個句子的 9 倍左右，是不是被我說中了？」

夏曉楠知道，這不是巧合，而是艾賓浩斯教授辛辛苦苦研究出來的理論。

艾賓浩斯教授說道：「當年為了深入了解人們的記憶規律，我發明了無意義音節。為了證明記憶無意義音節的速度與記憶有意義材料的速度是有差異的，我識記拜倫的《唐璜》詩中的某一節段。其中，每一段有八十個音節，大約每讀九次便能記住一段。隨後我又去識記八十個無意義音節，發現完成這個任務大約需要重複八十次。在其他的實驗中，結果也是如此。於是，我得出結論，人類學習無意義材料會比學習有意義材料要難九倍。」

艾賓浩斯教授繼續說：「如今，隨著文化的交融，英語已經走入我們的生活並且占據了尤為重要的一部分。在英語學習中，單字無疑是我們面對的首要挑戰。許多學生經常抱怨，為什麼記單字這麼難啊。原因非常簡單，英文字母對於我們來說是十分陌生的，儘管和我們小時候學的拼音有異曲同工的地方，但是它的排列組合和發音是我們從未見過的，所以記憶時就好比在記憶一群無意義字母，就像剛才的第三句一樣。」

夏曉楠嘆息一聲：「那我們是不是真的要花費九倍多的時間去學習英語啊？」

艾賓浩斯教授說道：「當然不用。英語有它獨特的組合方式，只是大多數人都不是很了解而已。英語和中文的區別在於一個注重發音，另一個更偏向於形意。你看到一個英文單字，你可能不知道它是什麼意思，你卻能讀出來；中文則是，你看的一個字，你可能不會讀，但你大致能猜到它要表達的意思。由此可見，對於發音和拼寫方面，只需要背好母音子音之類的就搞定了。」

「另外，如果仔細觀察，你會發現原來英語也有它自己獨特的偏旁部首——詞綴。」艾賓浩斯教授說道。

除去極個別現象，大多數形容詞在最後面加上個 ly 就會變成形容詞，比如 extreme（極度的）和 extremely（極度地），total（全部的）和 totally（全部地）；還有 ful 結尾的詞往往都是形容詞，像 fanciful，colorful 等。

圖 5-1　背單字

第五章　艾賓浩斯講「記憶」

　　尾綴除了代表詞性之外有時候也有獨特的意思。所有以 phobia 結尾的詞都是指一種恐懼症，apiphobia（恐蜂症），triskaidekaphobia（數字 13 恐懼症），bactrachophobia（爬蟲恐懼症），還有一個特別有趣的 hippopotomonstrosesquippedaliophobia（長單字恐懼症）。（見圖 5-1）

　　不光是尾綴，許多前綴也是如此。inter 這個前綴的意思就是「相互的」，我們都知道 act（作用）和 dependent（依賴的），再加上前綴 inter 立馬變成了 interact（相互作用）和 interdependent（相互依靠的）。前綴 Sub 常常用來表示「下面」，例如，conscious（意識的）和 subconscious（下意識的），script（稿子，腳本）和 subscript（腳註的，下角標的）。

　　艾賓浩斯教授笑著說道：「對於一些單字，我們還可以使用聯想記憶法。Reluctant 這個單字的意思是勉強的，發音類似於驢拉坦克。一想到驢拉坦克，自然而然就會覺得這種行為十分勉強，接著就能記住它的發音和意思。Morbid 的發音特別像「毛病」，它的中文意思就是有病的。幽默風趣又實用，由此可見，聯想記憶也是一種很好的方法。」（見圖 5-2）

　　在熟悉了英文單字的發音規律和聯想記憶法之後，是不是覺得英語單字也不是那麼難背了？不過，要想永久地記憶英文單字，我們還需要日常的複習，這一方面，艾賓浩斯教授更有發言權。

　　「為了牢固記憶，複習與自測兩者是缺一不可的。根據時間的規劃分布，我們可以把複習與自測分為兩種，一種是定期的，另一種是隨機的。」

聯想記憶法是增強記憶能力的好方法。

圖 5-2　聯想記憶法

「如果我平均每天教你五十個單字。為了能熟練地掌握這五十個單字，你必須給自己制訂嚴格的計劃，並且按時執行，要求自己每天晚上睡覺前找人幫你聽寫一遍，如果條件不允許，你可以把英文和中文意思分開寫，然後蓋上英文，看中文想單字，再蓋上中文，看英文回憶發音和釋義。此外，每週星期天休息的時候，再從頭到尾看一遍單字，及時查漏補缺，遇到問題馬上解決。當一個單元學完之後，自測一下這個單元的內容，或者可以把單字分類記憶，比如，把同義詞放到一起背或者把形近的單字挑出來歸為一類，這樣一來效率會高很多。」

有一位教授對記單字頗有研究。她讓同學準備一些小卡片，一面寫英文，一面寫中文，這樣學生可以在課間隨時記憶背誦，甚至在一些不能四平八穩坐著看書的情況下背單字，坐捷運公車或者吃飯的時候都能拿出來看上兩眼，記一兩個單字。

張棟興說道：「每個人的生理特點、生活經歷不同，有著不同的記憶習慣和思維模式。有的人喜歡依靠發音去記單字，有的人則更偏向於中文釋義和拼寫結構。」

艾賓浩斯教授笑著說：「不錯，我提出的記憶對你們只能造成一個催化劑的作用。如果你選擇背單字的方法和你的思維習慣相吻合，那麼就如順水推舟，一日千里；相反，如果兩者相悖，記憶效果就會大打折扣。所以，我們要根據每個人的不同特點去挑選自己的記憶方式。但是，無論是哪一種背單字的方法都需要我們持之以恆，不能半途而廢。三天打魚，兩天曬網的做法只會讓努力白費，即使再聰明的腦子、再高效的做法也無濟於事。」

艾賓浩斯教授說道：「我的另一位英語教授，Larry，在外國人出沒頻繁的夜店做過一個有趣的實驗。Larry 教授憑藉自己玉樹臨風、瀟灑倜儻的外

貌分別主動跟本地女孩和外國女孩搭訕，並觀察她們的反應。每次，他剛剛走到本地女孩的身邊說道『美女，可以認識一下嗎？』就被無情地拒絕，十幾個女孩中沒有一位搭訕成功。但是，外國女孩就十分熱情，不僅留下自己的手機號，甚至還贈送給 Larry 教授一個熱情的擁抱，可謂百發百中。」

艾賓浩斯教授到底想說什麼呢？大家都一臉迷茫。

艾賓浩斯教授笑著說：「Larry 教授是想告訴大家一個深刻的道理，那就是男同學們趕緊學好英語，背好單字，去美國泡妞吧！」

第二節　遺忘曲線

艾賓浩斯教授說道：「前幾年，有個叫《最強大腦》的科學類綜藝節目在電視播出，上映之後引起了觀眾的關注。裡面的選手個個身懷絕技，要麼是勤奮努力的學霸，要麼就是百年不遇的神童。」

夏曉楠也看過那期節目，王峰的能力就讓人大開眼界，他二零零九年首次參加世界腦力錦標賽即成為當時綜合實力世界第五，之後又在二零一零年、二零一一年連續兩年獲得世界腦力錦標賽總冠軍，被評為全球第一的「世界記憶大師」。

艾賓浩斯教授說道：「王峰的挑戰項目叫做『瞬時多訊息匹配』，主持人將隨機二十把鑰匙分配給二時個模特兒，任選一位模特兒，王峰需要找出鑰匙並打開對應的鎖。就連臺下的評委也覺得這樣的任務實在是太難，幾乎不可能完成，王峰做到了。除了王峰之外，還有孫徹然的盲填數獨、黃金東的二維碼短期記憶，也令人印象深刻。」

看著這些神奇的選手，臺下的觀眾一定會情不自禁地問上一句，「他們是

怎麼做到的？莫非世界上真的有人可以過目不忘？」

　　艾賓浩斯教授說道：「剛才我們已經講過複習的重要性和規律，其實這些都是根據遺忘曲線算出的。遺忘曲線是我以自己為受試者進行實驗之後得出的一條用來描述人類大腦對新事物遺忘規律的曲線。」

　　在實驗期間，艾賓浩斯教授要求自己記憶一百個，像 HFY、KSJ、XZU 之類的無意義字母。他先按順序讀過一遍，再默寫一遍，查看自己掌握了多少，然後再讀再寫，直到自己可以完全依序默寫出來為止。數小時之後，再進行一次默寫，幾天之後，再默寫一次。

　　實驗重複多次之後，艾賓浩斯教授拿自己默寫的結果和原材料對照，發現假設我們認為剛剛記憶完之後的記憶量是百分之百，那麼二十分鐘以後我們的記憶只剩下不到百分之六十，一個小時以後是百分之四十左右，接著，一天後是百分之三十三，兩天後變成百分之二十七，一個月後是百分之二十。這就是著名的遺忘曲線。（見圖 5-3）

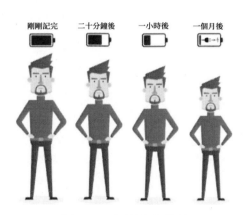

圖 5-3　人的遺忘曲線

　　艾賓浩斯教授說：「這條曲線告訴我們，學習中的遺忘是有一定規律的。我們記得越快，忘得也會越快，而且遺忘的進程是先快後慢，學習的知識如果當天不抓緊複習，那麼第二天就只剩下原來的四分之一，不過隨著時間的推移，遺忘的速度會逐漸緩慢，遺忘的數量也在相對減少，從數據中我們可以看到兩天之後和一個月之後的記憶量之間不過相差了百分之六，不過遺忘的速度是不均衡的，我們只能根據遺忘曲線而得出一個大概。但是只要按照

第五章　艾賓浩斯講「記憶」

遺忘曲線進行複習，學習就會變得越來越高效。」

　　由於記憶是一種高級的心理過程，受許多因素影響。為了能給予人們有關記憶和遺忘的科學解釋，我嚴格控制了環境和主觀因素，對記憶進行了定量分析，最終在遺忘曲線的基礎上又獲得了以下幾個主要結論。

　　首先，材料的多少一定程度上是會影響記憶速度的。每當需要記憶的材料增加之後，一個人能流暢通讀下來所需的時間也會隨之增加。很明顯，你背一首七言絕句和背一本書用的時間怎麼可能一樣。為了提高記憶速度，我們可以把記憶材料與日常生活連繫起來，或者把記憶材料裡面的內容相互之間建立連繫，這些都比一個一個單獨記憶要快很多，這就是艾賓浩斯教授從實驗中收穫的第二個經驗。

　　其次，在一些古裝劇中，我們經常看到私塾裡面的學生捧著一本書搖頭晃腦坐在那裡讀上一整天。正因如此，那時候的人們張口閉口都能引用上幾個文學大家的名句，背誦默寫唐詩三百首之類的更是不在話下。不是他們聰明，而是他們反反覆覆朗讀詩詞歌賦使得他們的記憶保持得更久一些，久而久之，積累下來的詩篇也就多了起來，所謂「熟讀唐詩三百首，不會作詩也會吟」說的就是這個道理。

　　艾賓浩斯教授說道：「眾所周知，背誦和朗讀兩者是密不可分的，你只有把內容先讀順暢才能進行背誦。分散記憶比集中記憶要更加牢固。」

　　接著，艾賓浩斯教授舉了一個《三國演義》的例子：「這本書裡面的英雄好漢可以說是數不勝數，如果你對這本書沒有一點了解便試圖強迫自己背下所有人的兵器坐騎和生平故事，那恐怕特別困難。不過，但凡你看過《三國演義》的原著或者看過電視劇，不用刻意去記憶些什麼，你都能隨口說出裡面的臺詞和典故，而且很長一段時間內都不會忘記。」

夏曉楠點點頭。前幾年，一款名叫三國殺的桌游非常流行，無論遊戲者的年紀大小，都對這款遊戲非常著迷。儘管有很多三國殺的高手並沒有看過原著或者電視劇，但他們依舊知道丈八蛇矛、方天畫戟、貫石斧、諸葛連弩等兵器的名字。

最後一點就是對於不同類別的材料的記憶，遺忘曲線的形狀也是不同的。

艾賓浩斯教授在關於記憶的實驗中發現，學習有意義的材料比學習無意義的材料速度要快得多，而且遺忘的速度也會變慢。有時候我們背誦一些文言文，感覺到尤為拗口，甚至流利地讀一遍都不是那麼容易，可是，在教授分析翻譯過一遍之後便會發現背誦起來簡單了許多，日後回憶也變得十分輕鬆。（見圖5-4）

> 學習有意義的資料比學習無意義的資料速度要快得多，而且遺忘的速度也會變慢。

圖 5-4　學習內容與學習進度

所以，在學習中，為了減緩遺忘的速度，我們要學會理解分析材料而不是一味死記硬背，這也就是為什麼教授總是要求我們去體會作者的思想感情，了解故事背景。如果養成良好習慣，長期練習自己的記憶力，說不定哪一天我們就可以成為最強大腦。

第三節　真正的忘記是不存在的

「每個人的童年裡都有過一段不堪回首的回憶，每個人的羅曼史中都有過一場撕心裂肺的戀愛，每個人成功前都有過一次顏面掃地的經歷，就連牽

第五章　艾賓浩斯講「記憶」

絆一生的親情友情也會有離別的時刻。這些不好的記憶，有些人可以鼓起勇氣，大膽地面對，但有的人卻揮手說自己早就忘記了。可是，你真的忘了嗎？你又真的能忘記嗎？」艾賓浩斯教授換了一種悲切的表情。

聽完艾賓浩斯教授的話，夏曉楠若有所思。

艾賓浩斯教授說道：「這就好比真正的謊言是不存在的一樣。我們說謊是想對他人隱瞞一些東西，那些他人已經知道的謊言根本不能稱為謊言，因為他們已經知道這個是假的，我們本想隱瞞的事情就被暴露了出來。而真正的謊言是那些我們所有人都深信不疑的事實。」

夏曉楠聯想到了龐氏騙局。這個騙局就是把新投資者的錢作為回報付給之前的投資者，以誘使更多的人上當。（見圖 5-5）

圖 5-5　龐氏騙局

投機商人查爾斯‧龐氏靠此「空手套白狼」，七個月吸引了三萬的投資者，共收到一百五十萬美元。在他被捕之前，所有人都相信他是個有能力的小夥子，在他身上看不到一點和謊言相關的東西。當時的美國大眾以為謊言是不存在，但是它真的存在。

在他被捕之後，龐氏騙局登上報紙，很多人對此都有了些了解。如果再有人用類似的騙局來欺騙投資者，大多投資者會立馬戳穿這個小把戲，因為他們已經知道了龐氏騙局的運行方法。

由此可見，真正的謊言是那些我們一直深信不疑，從來不會去質疑的事情，這種謊言把自己包裝得不像是一個謊言，彷彿真的不存在一樣。

張棟興說道：「同理，真正的忘記也是不存在的。當別人問起你，『皇上，

您還記得大明湖畔的夏雨荷嗎？』如果你說，『朕早就忘記了』，那便代表你根本沒有忘記。要是你真的忘記了，對於別人的提問，你應該感到疑惑，第一時間想的應該是『夏雨荷是誰？』、『大明湖畔又是誰？』而不是果斷地說你忘了。」

艾賓浩斯教授說道：「遺忘曲線，剛背完一段文字後的記憶完整度是百分之百，一天後會變成百分之三十五左右，一個月後只剩下四分之一不到。這些數據告訴我們的不光是記憶下滑的速度有多快，還告訴我們一件事情哪怕過去了一個月，你依舊會對它留有百分之二十的記憶。如果這一個月中，你又無意中想到了那件事，或者被別人無意間提起，那麼你對這件事的記憶程度又會提高，如此反覆，我們可以發現，忘記一件事情真的是非常難。」

孫昱鵬說道：「我哥上大學的時候，參加過一個很重要的演講。他十分激動，特意買了一身西裝準備出席。當他進場的時候，很多的妹子都被他陽光般明媚的氣質給鎮住了，主動跟他搭訕，還把自己的手機號塞給他。我哥的心情自然是無比高興，這時候，領導點名讓他上臺發言。他儀表堂堂地走上臺前，向所有人微笑，點頭致意。不過，很可惜，由於過於專注地跟周圍的人打招呼，他沒看到眼前的臺階，直直地摔倒在地上而且是臉先著地。從那以後，這件事情就成了大家的飯後談資，他也自然而然地變成了一個眾人皆知的人物，那段時間，每當有人見到他的時候，就會不停地拿他取樂，調侃他。」

艾賓浩斯教授說道：「你哥哥自己肯定經常想起這段不美好的經歷。這就導致本來一天後只剩下百分之三十五的記憶不斷主動或者被動地一遍遍更新，剩下百分之六十五殘缺的記憶也不斷主動或者被動地一次次補全。如此數天之後，摔跤那天的每一個小細節都深刻地印在了他的腦海裡，他想忘都

忘不掉。」

孫昱鵬笑著說：「沒錯，數年之後，老朋友聚會，大家無意中再一次談起了那天的事情，我哥一笑而過，說『我早就忘了』。但事實上，他心裡卻一直在嘀咕，『這幫人記憶力怎麼就這麼好，過去了這麼久怎麼還記得！』」

夏曉楠問道：「如此說來，想忘記一件事情是不是真的很難呢？」

艾賓浩斯教授：「這就要從記憶的種類開始講起了。我將記憶分為兩類，一類叫短期記憶，另一類叫永久記憶。」（見圖5-6）

短期記憶是指短時間內的快速記憶，這類記憶往往記得快，忘得也快。因為我們不會日後進行反覆的複習和回憶。隨著時間的增長，這類記憶就會被我們真的忘記。你還記得你學測數學的最後一道題嗎？就算你剛

記憶分成兩類，一類叫短期記憶，另一類叫永久記憶。

圖 5-6　永久記憶與短期記憶

考完學測，你對那道題的印象肯定也不會有多麼的深刻。但是，剛考完數學的時候，你幾乎可以把題幹中出現的每一個細節背出來，甚至還能畫出圖像來。這就是短期記憶。

永久記憶是指那些經過我們反覆訓練已經印刻在我們腦海中的事物，這一類記憶不論過多久也不會忘記。好比，儘管我們已經很多年沒有騎過自行車，但騎車這種能力是不會忘記的。

那些我們拚命想忘記的事情最開始都是短期記憶，不過，由於有的人對過去事情一次又一次的回憶，反而導致那些事情變得更加深刻、清晰。

除此之外，還有人去找親密好友去詢問如何忘記傷害過自己的那個他，這樣的做法只會火上澆油。你和朋友的談話只會使你對這件事的印象又一次加深。久而久之，無論是你自己的回憶，還是你和朋友談話中勾起的回憶把原本幾天就可以忘記的短期記憶變成了很難擺脫的永久記憶。

艾賓浩斯教授說道：「所以，若想真正忘記一個人或者一件事，首先需要你自己放寬心，把這些事情看淡，將某歸類到和上街買菜、吃飯一樣平常普通的事情中。一旦你看開之後，你就不會一而再、再而三地反覆糾結當時自己怎麼可以那麼傻，怎麼會犯那麼低級的錯誤之類的問題。既然你已經不再為這件事情困擾，你也就不會主動地找朋友去訴苦，詢問救命良方。到一定的時間之後，這件事在你心中的份量就會越來越輕，遺忘的也會越來越多，最後你也就忘記了這不愉快的回憶了。如果你無意中看到了那些觸景生情的人或事，立馬告訴自己，這些都過去了，沒什麼大不了的，要是控制不住自己的情緒，就趕緊給自己找點事情幹，因為忙碌的人從來不會把時間花費在沒用的回憶上面。」

第六章

馬斯洛講「滿足」

　　本章透過三小節，詳細介紹了心理學中的「滿足」。本章內容淺顯易懂，文字幽默風趣，同時佐以大量例證與配圖，讓讀者能切實理解「滿足其實就是『得不到的永遠在騷動』」。本章內容適用於在生活中滿足感不強，渴望得到滿足感的讀者。

亞伯拉罕・馬斯洛
（Abraham Maslow）

美國著名社會心理學家，第三代心理學開創者，當代最廣為人知的心理學家。

馬斯洛是一個智力天才，早年學習法律，後轉向心理學領域。在心理學的很多板塊，馬斯洛都提出了顛覆性的見解。他的主要學術成就包括提出了人本主義、需求層次。代表作品有《動機和人格》、《存在心理學探索》《人性能達到的境界》等。

第一節　越有錢越不滿足

一大早，夏曉楠的朋友何超凡就分享了自己昨天看到的笑話：

一個記者採訪《還珠格格》的爾康，問，「爾康，你幸福嗎？」爾康點了點頭，「嗯，我姓福。」記者問，「那你滿足嗎？」爾康點了點頭，回答，「嗯，我滿族。」記者又問，「你怎麼幸福呢？」爾康說「因為我爸姓福。」記者不解，「為什麼你爸幸福你就幸福呢？」爾康沉思了一會說，「因為……是親生的。」

講完後，何超凡哈哈大笑：「當然，這只是一個笑話，具體是不是所有姓福的人都很幸福，滿族的人都很滿足，我們也無從知曉。」

夏曉楠說道：「既然提到滿足，正好今天的心理學教授是馬斯洛，我們快去上課吧。」

來到課堂，馬斯洛教授正好在講課：「人們透過追求不同層次的需求來滿

第六章　馬斯洛講「滿足」

足自己，這些需求是激勵人們行動的主要原因和動力。每個需求在不同時期的表現程度也是有區別的。人的需求往往是從最低端、最基本逐漸上升到內在的、精神上的追求，從最開始的吃飽喝足到日後對夢想的追求。」

「根據重要性和層次性將人的需求分為五種，這也就是人本主義中十分著名的『層次需求金字塔』。排在最底端的是生理需求，也是人類最重要的需求。呼吸、喝水、吃飯、睡覺、上廁所，這些都是人們最原始、最基本的需求，因為當這些需求不能被滿足時，我們將會面臨生命危險。它是推動人們行動的強大動力，所有的文明都是在生理需求的基礎上建立的。」（見圖 6-1）

圖 6-1　需求金字塔

馬斯洛教授給大家設置了這樣一個場景：

假設某天早晨醒來，你發現自己孤身一人躺在一個陌生小島上，周圍沒有人類。此刻，你要做的第一件事就是尋找食物和可飲用的水源來維持自己的身體需求，然後再美美地睡上一覺。

當你正享受著美夢的懷抱時，島上傳來此起彼伏的號叫聲，你開始意識到原來島上還有其他的生物 —— 狼。這時，你的需求就從生理需求上升到了安全需求。安全需求包括勞動安全、職業安全、生活穩定、未來的保障，等等。為了防止自己被吃掉，你開始學會依靠自己的雙手製造火源來抵抗狼群，並且居住在一個不容易被狼群發現的樹洞裡面，還儲存了一些糧食和露水以備突發事件。（見圖 6-2）

在安全需求被滿足之後，你開始祈求更多的東西，比如：關愛，歸屬，於是你開始收留一些無家可歸的小動物，與周邊其他和善的生物打交道。這

就是第三層次的需求，社會需求，是指個體渴望得到家庭、團體、朋友或者同事的關心與理解，是一種感情上的需求。這一類需求比前兩種更加細微，難以捉摸。儘管我們可能很難察覺出來，但它的確存在於我們的內心。

經過一段時間的努力，你獲得了自己的動物同僚。你們互相幫助，生存已經不再是問題，可是你的需求還在上升。狼群不定期的侵略激發了你的權力慾，你準備武器，制訂計劃，想清除狼群或者徵服它們。對權力的追求是尊重需求中的一種，它還包括自我尊重、自我評價，以及從他人身上獲得的尊重。這一類的需求很少能夠完全被滿足，但一丁點的滿足就可以產生強大的動力，讓你繼續為剩下的部分努力。

人的需求層次都是由低到高的，一個連飯都吃不飽的人，不會去試圖規劃自己的夢想！

圖 6-2　需求層次是由低向高的

最後就是自我實現。自我實現是最高等級的需求，是一種創造的需要，也是所有人一生中的最高目標。達到自我實現的人，往往會盡其所能，使自己達到完美狀態，尋找到人生的巔峰。

馬斯洛教授說道：「我們需要知道，這五個層次要按照秩序實現的，由低層次一層一層向高層次上升。如果低層的需求未被滿足，那麼高層的需求也不會被實現，就像一個人不可能在他連飯都吃不飽的時候去規劃設計自己的夢想。」

在了解了人的五個層次的需求之後，何超凡想到一個故事。

有一天，某家企業的董事長由於醉酒而在街邊睡了起來。一位路人認出了他，便打算上前扶他回家。可是這位企業家卻說，「家？我沒有家。」路人

第六章　馬斯洛講「滿足」

十分好奇，指著不遠處的一棟別墅問他，「那不就是你的家嗎？」企業家搖搖頭，「那不是我的家，那只是我的房子。」

明明這位企業家已經腰纏萬貫，過著所有人夢寐以求的生活，但是他卻絲毫不感到滿足。很多成功人士也是如此，他們常常眉頭緊皺，煩惱無數，甚至有時還不如街邊某家咖啡廳裡的服務員笑得開心。

原因很簡單，當一個人身無分文、食不果腹，流浪街頭的時候，在地上撿到一塊錢都會讓他覺得是老天開眼了。對於剛才的那位企業家來說，他早已滿足了生理需求和安全需求，一百塊錢掉地上他可能都懶得撿。讓這位企業家苦惱的是第三層的社會需求無法被滿足，可能是由於他工作忙碌無暇顧及自己的感情生活，也可能是因為所有接近他的人看重的都是他的錢並非他這個人。撿到十塊錢和找到真愛相比，所有人都會覺得前者要容易許多。

通常來講，越低層的需求越容易被滿足。而有錢人一般都會放眼去追逐更高層的追求，這些追求相比於溫飽問題就要難得多。

馬斯洛教授說道：「對於生活在社會最底層的人來講，他們每天的願望可能就是一碗香噴噴的白米飯，但是對於那些上層社會的人，他們所面對的問題是一座大樓的建設，一項新政策的推出，等等，相比於這些，一碗白米飯是不是就顯得簡單許多，也更加容易滿足。」

現在的有錢人哪一個不是欠了銀行一屁股的債，這些家產過千億的人每天一睜眼就要還銀行一百多萬，賺不夠還不能回去睡覺。所以，他們的日子還不如一些平民老百姓過得開心。

何超凡一想，儘管爾康是滿族人，但是他身為乾隆帝駙馬，福家大公子，身上不知道擔負著多少的責任，做錯一小步都有可能傾家蕩產，甚至惹

來殺身之禍，滿族的他是否真的滿足呢？

第二節　得不到的永遠在騷動

孫昱鵬正在跟夏曉楠抱怨：「出門就塞車，買東西就得排長隊，坐公車捷運永遠只能站著，人品差到喝涼水都得塞牙，全世界倒楣的事情都讓我一人碰到了。」

馬斯洛教授笑著說：「當今社會，很多人對身邊的事情充滿了抱怨，好像自己就是百年不遇的天煞孤星一般，可是，有沒有想過，你真的有那麼倒楣嗎？」

何超凡說：「馬斯洛教授，您在分析人的層次需求金字塔的時候曾提出過，人的行為取決於我們的需求，只有未滿足的需求可以影響人的行為，被滿足的需求無法成為人的動力。比如，當你已經有車有房，你再遇到房地產大降價的時候也不會像當初那樣省吃儉用，拚命加班去賺錢買房，相反，如果你擠在一個破爛不堪的地下室，遇到物美價廉的房子你一定會找銀行貸款，甚至借錢交定金去把房子搞到手。由此可見，只有低層次的需求被滿足後，我們才會追求更高層次的需求。」

馬斯洛教授還沒說話，夏曉楠就說：「華語樂壇天王陳奕迅有一首《紅玫瑰》唱得好，有一句詞叫做『得不到的永遠在騷動，被偏愛的都有恃無恐』說的就是這個道理。越是你得不到的東西，你越是想要，越是在乎，而已經收為囊中之物的東西，你反而不是那麼在乎。」

馬斯洛教授笑著說：「我認識一位高貴冷豔、傾國傾城的美女曾經分享過她的一個故事。我們姑且稱她為黛西。」

第六章　馬斯洛講「滿足」

　　黛西每隔兩週便會乘坐高鐵從臺北到高雄見自己當兵的男朋友，平均一年會回家三十次左右。可是無論什麼時候，只要別人問起她回家路程如何，或者喜不喜歡搭高鐵，她都會斬釘截鐵地回答「別提了，糟透了，老娘這輩子都不想再坐高鐵了！」如果你繼續詢問她原因，她會告訴你，每次只要她搭車，不是誤點就是沒趕上，甚至喝個水都會擔誤時間搭上高鐵，反正沒有一次順心的。可事實真的如此嗎？讓我一起走進黛西的高鐵生活。

　　黛西每隔兩週就回家一次，是因為她玉樹臨風的男朋友在高雄獨守空房，為了不讓他感到寂寞，她一直奔走在臺北與高雄之間。如果你問他黛西是否真的每次回家都特別倒楣，他會說還好吧，而且據他回憶，其實只有一次遇上高鐵誤點，三次錯過高鐵。在一系列的嚴刑拷打之下，黛西的男朋友一口咬定絕對不會超過四次。

　　原來，黛西一直有一個很矯情的習慣，就是每次在追趕高鐵的路上都會從旁邊的麥當勞買一杯咖啡，一個漢堡，邊吃邊等。不幸的是，有一次，她剛買了一個漢堡，結果高鐵就從她的面前開走了。當她想去補票的時候，發現因為錯過最後一班車只有第二天才有去高雄的高鐵。更糟糕的是，這一晚上她找不到旅館，只好在臺北車站的長椅上湊合了一夜，第二天終於坐上了回家探親的高鐵。這是第一次黛西錯過高鐵，剩下的兩次也皆是如此，因為趕車、買吃的等原因錯過了高鐵。

　　三十次乘坐高鐵回家，僅僅四次不愉快的經歷，為什麼我們可愛的黛西小姐對高鐵的印象這麼差呢？

　　因為在她的眼裡，這四次不愉快的經歷都是「得不到的高鐵」，所以一直在騷動，在她的腦海中留下了深刻的印象。而那些愉快的高鐵回家記憶都是「被偏愛的高鐵」，對此，她不會過於留心。相比之下，那三次不愉快的經歷

在她心中的份量更重，從而抹去了她對高鐵的良好印象。

　　孫昱鵬說道：「我們常常抱怨臺北塞車，可實際算下來，塞車的次數其實不是那麼多，也沒有那麼嚴重。只不過偶爾遇到的一次塞車對於我們來說都是無法被滿足的需求，所以會成為我們抱怨、吐槽臺北交通狀況的動力，而那些一路順暢無堵的經歷則屬於被滿足的需求，根據馬斯洛教授的理論，被滿足的需求無法影響我們的行為，所以我們也不會為臺北交通去辯解什麼。」

　　何超凡唔了一聲：「如此看來，我們的生活並不像我們想像的那麼倒楣。我們追求男神女神不成功的經歷也只有那麼幾次，可是這些『得不到的騷動』相比於那些開心幸福的戀愛經歷留給我們的印象更加深刻，才會讓我們去哭訴，說自己感情從未成功過。」

　　馬斯洛教授說道：「再比如，總是會有人說自己喝水都會胖，但是他們真的喝水都會胖嗎？必然不可能，只不過是某一次他們鍛鍊、節食卻沒有收穫到應有的結果，反倒胖了幾公斤。從此，這未被滿足的需求就一直扎根在他們的腦海中，讓他們覺得自己喝水都會胖。」（見圖 6-3）

　　馬斯洛教授繼續說：「你們一定有過這樣的經歷，之前自己明明會做的某道題考試的時候卻做錯了，本來自己理解的知識真到運用的時候卻忘記了，反而是那些曾經做錯過的題目留下的印象會更加深刻。原因很簡單，還是陳奕迅的那句歌詞

圖 6-3　慾望導致錯覺

第六章　馬斯洛講「滿足」

『得不到的永遠在騷動』。」

　　不錯，有時候，我們答對某道題可能不是因為我們真的會做，而是碰巧做對的。我們看到滿分的試卷，自然而然也就會以為所有的重點自己都理解，這種「被滿足的需求」無法讓我們產生努力學習的想法，所以再做同樣的題目時很有可能會失誤；而那些錯題，那些「未被滿足的需求」卻在我們的內心騷動，督促我們去努力學習。這也就是教授為什麼總是教導我們無論對題錯題都要仔細地看一遍，查漏補缺。

　　每個人對於馬斯洛教授的這個「得不到的永遠在騷動」的理論都能感到深深的共鳴。當然，也正是對「未被滿足的需求」的渴望讓我們對生活的追求越來越高，慢慢地爬到金字塔的頂端。不過，在追求「未被滿足的需求」的同時，我們也需要珍惜那些「已經被滿足的需求」，得隴望蜀的結果很有可能是得不償失。

　　很多名利雙收的成功人士已經娶到了一個愛自己的女人，卻依舊對其他的美女蠢蠢欲動，最後貪心不足蛇吞象，不光毀了原本到手的幸福家庭，還失去了自己好男人的名聲。（見圖 6-4）

圖 6-4　不滿足的男人

　　無論你是衣衫襤褸的乞丐，還是高高在上的大老闆，請銘記，不要在失去時才懂得珍惜。

第三節　帶你感受「高峰經驗」

馬斯洛教授:「各位,我要帶大家來一場高峰經驗!」

夏曉楠心想:高峰經驗,莫不是要講玉山的風景或者爬山的心得之類的?

馬斯洛教授笑著說:「說到高峰經驗,你們肯定以為我會講爬山心得之類的。很可惜,這裡的高峰經驗指的是一種心理狀態,跟山峰沒有一點關係,但是跟江湖卻有著很深的淵源!」

傳說江湖上有這麼一個人,他三歲喪母,七歲喪父,雙親死後,唯有一把劍陪他度日。他苦心練劍,臘月寒冬,飛雪舞劍,夏日狂風,沐雨練劍,春聽鶯,夏聽蟬,秋臥籬邊,冬飲梅間,無時無刻,他都在練劍。終於有一日,只見一道閃電從天空中劈了下來,整個大地都在搖晃,他練成了。此時的他早已不是當年的他,如今,他手中無劍,心中有劍,做到了人劍合一,他就是「劍人」。(見圖 6-5)

圖 6-5　高峰經驗

夏曉楠一臉黑線:「這跟高峰經驗有什麼關係?」

馬斯洛教授笑著說:「有,當然有,還是大大的有。當這位少年練到人劍合一的境界時,他就有了高峰經驗。當然,我講這個例子不是鼓勵你們去練劍,是在跟你們說明高峰經驗是一種發自內心的顫慄、愉悅、滿足和超自然的情緒體驗,人劍合一就是一個很好的例子。

「我在調查一批相當有成就的成功人士時,這些人都表示他們曾經有過高峰經驗,感覺自己彷彿站在了高山之巔,儘管短暫,卻讓人體會深刻,而且是無法用語言表述的。總而言之,是一種很神奇的終極體驗。」

第六章　馬斯洛講「滿足」

處於高峰經驗狀態下的人往往看破紅塵，不會像大多數人那樣被生活上的小困難所折磨，很少感到焦慮。他們在行動上更具有自發性和創造力，最大限度地擺脫了那些負面因素的影響。

他們不再是被決定，被支配，暮氣沉沉，跪倒在命運腳下的弱者，而是一個自信、獨立、有夢想、有追求的命運主宰者。相比於物質追求，探索生命的意義對他們的吸引力更大。總而言之，這類人幾乎是集所有的優點於一身。

馬斯洛教授說道：「還記得我的層次需求理論的那座金字塔吧？有過高峰經驗的人大多數處於金字塔的頂端。」

孫昱鵬說道：「馬斯洛教授，你說得越多，我越沒有信心。我覺得高峰經驗實在是觸不可及，與自身情況相差太遠了。」

「沒關係，」馬斯洛教授說，「每個人都有可能會在不經意之間觸發高峰經驗。比如，美國登月者米歇爾在阿波羅登月艇中俯覽整個宇宙，當她看到那顆旋轉中的蔚藍色星球的那一刻，她就獲得了高峰經驗。還有的人夜晚在野外仰望天際，看到浩瀚的銀河又聯想到人類的渺小，須臾間，他也有了高峰經驗。越是與自然接觸，我們感受高峰經驗的可能性就越大，因為在這種情況下，山水的美好很容易讓我們忘卻自己。」

一個女生說：「我對於藝術、舞蹈有獨特的追求。在完成某一個作品時，我的內心會感到一種前所未有的平靜，彷彿整個宇宙都融進了某幅畫或者某段舞蹈之中。」

馬斯洛教授笑著說：「不錯，就好比開頭提到的那位劍客一樣，開始的時候，他的心裡面有的只是報仇和一招一式死板的劍術。不顧環境的惡劣，一

年四季他都執著於練習劍法，彷彿他人生的意義只不過在這一柄劍中。為了練劍，他走遍大江南北，四處拜師求學。他流過汗，流過淚，面對前方重重艱險，他感到迷茫，甚至想過放棄，不知道自己學劍的意義在哪裡。但是，他還是咬牙堅持了下來。

「在學遍了天下所有的劍法，打敗了無數武林高手之後，站在武林巔峰的那一刻，按理來說，之前受到的痛苦應該在此刻爆發出來，感到無限的喜悅和滿足。但是，這些卻沒有發生。他俯覽四周，內心感受到的是一種前所未有的平靜，好像時間真的靜止了下來。慢慢的，他開始領悟原來劍的意義不單單於此，還有更高層的追求。他突破了自己，丟棄了手中的劍，把它記在心中，做到了真正的人劍合一。此刻，他的內心被另一種更高深的喜悅充滿。這便是剛才提到的高峰經驗。」

夏曉楠想：如此來看，高峰經驗也不是那麼的遙不可及。一篇雜誌曾對馬斯洛教授提出的高峰經驗做過詳細的調查，調查表示十分之三的人都曾有過高峰經驗。

馬斯洛：「在你生活中不經意間出現的某一種奇妙、不尋常的感受很有可能就是我們所說的高峰經驗。甚至，有些心理學家還幫我們總結出了獲得高峰經驗的方法。」（見圖6-6）

首先，我們需要找一個很長的空閒時間去思索生命的意義和價值，思索未來與現在，思索一切超乎平常的生命與宇宙的關係。

圖6-6　生活中處處存在高峰經驗

第六章　馬斯洛講「滿足」

　　然後，我們走到山水間，田野裡，試著去感受自然。拋開煩惱，把我們所有的注意力都集中在眼前，感受山澗的清澈，感受星空的浩瀚，感受潮水的奔騰，感受一切來自自然的生命力量。

　　現在，閉上眼睛，放空自己的心靈，讓自然的氣息一點點湧入。再一次，緩慢地思索之前的問題，不要過於糾結這些問題的答案，隨著我們的心去思考。我是誰？我在哪裡？一百年，或者一千年後如果我存在，會是什麼？如果我只有一天的生命，什麼對我是最重要的？

　　問完所有的問題，深呼吸，放棄那些無法回答的問題，讓它們隨著輕拂的風、明澈的水飄去不知名的遠方，忘記自己，忘記過去。漸漸地，我們會感受到自然的博大，生命的神聖，感受到人性的溫暖，宇宙的和諧……

　　努力去體驗這一刻我們內心中的寧靜、平和，以及由此而引發的一種喜悅和心靈的震盪。在感受完這一切時，再回過頭來思索生命的意義、價值和剛才的那些問題。

　　收穫高峰經驗後的很長一段時間裡，我們感受到一種對自我的滿足，積極的心態以及充沛的精力和飽滿的熱情。

　　馬斯洛教授：「你可能覺得高峰經驗這種東西有些微乎其微，不過，回想一下，你是不是也曾無意中感到世界特別美好，人生充滿希望，眼前一片光明？以至於接下來的幾天都鬥志昂揚，心情愉悅？不管你是否有過高峰經驗，在以後的日子中，試著多去體會生命的美好，不要為煩人的小事困擾，多收穫高峰經驗，對我們的身心都十分有幫助。」

第七章
費希納講「本能」

　　本章透過三小節，詳細介紹了費希納在心理學中的著
作及觀點，同時借費希納的思考，為讀者展開一幅心理學
另類系統的畫卷。本章講述了本能、類本能、自我實現及
出世和入世。其中，自我實現是費希納最著名的觀點之
一。本章適用於心理學能力較強的讀者，以及希望提高自
己心理學能力的讀者。

古斯塔夫・費希納
（Gustav Fechner）

德國哲學家、物理學家、心理學家，實驗心理學先驅。

費希納開創性地將物理學的數量化測量引入心理學研究領域，提供了感覺測量、心理實驗的方法和理論，為後人建立實驗心理學奠定了基礎。

在哲學領域，費希納是一個唯心主義泛靈論者。他認為凡物都有靈魂，心和物是不可分的，心是主要的，物只是心的外觀。

第一節　什麼是類本能

今天，還沒等夏曉楠催，何超凡就拉著夏曉楠往外跑：「聽說費希納教授今天要講本能，我就是個本能動物啊！今天我一定要好好聽聽。」

夏曉楠點點頭，若想了解費希納教授的心理學觀點，怎麼可能閉口不提「類本能」這麼重要的概念呢？

費希納教授已經開講了：「類本能也常被稱作類本能、弱本能或者本能殘餘。類本能的英文單字是『Instinctoid』。『Instinct』的意思

類本能就是：不管今天是不是週休二日，你都不想起床上班！

圖 7-1　類本能

第七章　費希納講「本能」

是『天性，本能』，在後面加上表示『類似的，稍弱的』的 oid 後綴，這個詞就構成了。單從它的拼寫上，我們就能對類本能猜出個大概，稍弱的本能。那麼什麼是『稍弱的本能』呢？」（見圖 7-1）

費希納教授笑著說：「在解釋這個理論之前，我們先來了解一下什麼是本能。如果你上網路或者翻看字典，你會得到五花八門的各種解釋。比如，本能指的是同一物種所有個體共同表現出來的不學而能的行為反應，同時本能又指某一生物生而具有的行為潛能或者傾向，表現出不學而能的行為模式，甚至佛洛伊德教授還對本能提出了另一種獨特的看法 —— 促使人類某種行為但不為當事人所知的內在力量。」

夏曉楠點點頭，面對這麼多的解釋，我們很難判斷出誰對誰錯，但有一點我們可以肯定，就是本能是不學而能、與生俱來的能力。

費希納教授說道：「早期心理學實驗研究中，很多心理學家習慣從動物的本能測驗中來推導人類的本能。像巴夫洛夫教授喜歡玩狗，史金納就愛玩白老鼠。需要承認的是，有一些能力的確是人與動物之間共享的，除此之外，還有一些能力是特有的，比如，烏鴉反哺，老馬識途，狡兔三窟，等等。我想，既然不同的動物都有不同的本能，那麼人類也應該有自己獨特的本能。於是，他打破常規，以此為立足點，開始以人本身作為範例去研究。」

在日後的研究中，費希納教授發現，人的本能不同於動物的本能。眾所周知，我們的行為不光受到本能的控制，相當程度上還受到環境和文化的影響，明明困得不行卻還是要咬牙起床去上班，不論你心中有多麼的不情願。

費希納教授說：「動物的行為只受到本能控制，睏了就睡，餓了就吃，想幹嘛就幹嘛，我管你今天是休假日還是工作日。由此可見，我們身上的這種本能是弱小的，容易被環境影響、改變甚至是吞沒，這與佛洛伊德教授認為

本能是強大的、不可更改的觀唸完全相反。我便把這類特有的本能稱作類本能，並且用這個詞代替了之前心理學家對於人類本能的定義。」

圖 7-2　對立的本能和理性

　　之前人們一直以為本能與理性是相互對立的兩者，但在費希納教授的理論中，兩者都屬於類本能，而且本能和理性是「與子同袍」的好兄弟。只有在心理不健康的人群中，本能和理性才是不可共存的敵對關係。（見圖 7-2）

　　夏曉楠想：「在馬斯洛需求金字塔中的生理需求階段，類本能和本能彷彿沒有什麼區別，吃喝拉撒睡，想做什麼就做什麼。當處於更高級的需求階段，我們的類本能便會越來越脫離本能。舉個例子，假設一個人有很高的收入和豪華的房子，但他沒什麼朋友，此刻他的類本能就是催促他出去社交，和小夥伴玩耍或者和異性去約會，這些行為與單純由慾望和生理結構組成的本能已經偏離甚遠。要是這個人身無分文，溫飽都成問題，他哪裡還會有時間去思考自己的交際問題呢？在低級的需求階段，類本能只是對於生理上的基本需求，而在高級需求階段，類本能更像是一種對於關愛、感情、道德和正義的需求。」

　　費希納：「另外，類本能與巴夫洛夫教授所講的環境決定一切有一定區別。現代社會的發展改變了很多人的價值觀、世界觀和人生觀。其中的一大部分人由於各方面環境的影響把金錢和地位視為第一追求。有的人還會出賣朋友、家人以及良知去獲得物質上的滿足。這都是環境造成的。可是，也並不是所有的人都是如此。在同樣的環境下，依舊有人把親人朋友放在第一

位，因為他們心中對於愛的需求超過了對於物質的需求。而這種對於愛的需求就是類本能。所以，環境也不是決定一切的重要因素。」

當然，人的行為是由類本能和環境兩個方面的因素決定的，因此費希納認為，在研究人的行為實驗中，必須給予這兩個因素一定的尊重。並且他還發現，因為環境是一種比類本能還要強大的力量，它非常可能會抑制、控制、改變甚至吞沒對本能的需要。

費希納：「在某些特定的環境與文明中，我們會被環境左右，從而使我們對於物質的需要遠遠高於對本能的需要。不過，若從另一方面分析，類本能的需要也是不容小覷的。一旦類本能無法得到滿足，消極、猶豫的心情也會隨之而來，甚至還會引發疾病。」

孫昱鵬恍然大悟：「哦！正如一些人儘管有大把的鈔票、開著名車卻感覺不到一點幸福和滿足感，還有一些人站在權力的山尖，依舊為安全感、感情和真正的尊重所苦惱。這些現象都可以說明，類本能的地位是無可取代的。」

「不錯，」費希納教授說道，「某種程度上，類本能的出現緩和了兩者之間的矛盾，好比本能讓一個人往西，而環境則讓人往東，類本能則調節了兩者，讓我們選擇往北或者往南走。」

第二節　自我實現

費希納教授說道：「若想真正了解本能的心理學觀念，自我實現是其中不得不提的一塊。所謂自我實現，就表明我們身體中的一個自我必須要實現出來。這裡的自我，與佛洛伊德教授和榮格教授的自我都不大相同。它指的是

我們身上的某一種氣質，某一種想法。當然，我們也可以把自我實現理解為『釋放內心的聲音』。這個聲音十分真實，不過，我們絕大多數人，尤其是在成人之前，傾聽的往往不是自己的聲音，而是我們父母的，權力機構的，晚輩的或者傳統習俗的聲音。」

最初，自我實現是費希納教授從那些心理健康、對生活感到滿足、激發自身潛能和具有創造力的人身上總結歸納出的共同點。儘管這些人並不完美，也有自己的缺點，但是他們可以積極樂觀地接受自身的不足，而且通常他們待人處事非常真誠，對自己滿意。

而羅傑斯教授則認為，自我實現就是做自己。因為在他的理論中，自己就是一個人過去所有生活的總和。如果這些經歷都是我們被動參與，那就不是在做自己。只有主動參與自己選擇的生活體驗，不論快樂與憂傷，結果好與壞，都是自我實現。

費希納教授說道：「人本主義相信每個人都有與生俱來的自我實現的傾向。就以層次需求金字塔為例，當低層次的需求被滿足之後，人們會自然而然地去嘗試更高層次的需求，也就是自我實現。」（見圖 7-3）

孫昱鵬誇張地說：「可是，走向自我實現的道路從來都不是鋪滿鮮花的，途中會遇到各種各樣的阻礙，特別是在孩童時期，如果在一個家庭中，父母對孩子總是持有冷酷和否定，那麼這個人自我概念的形成和對現實世界的認識都會受到影響，最後他會用自我防衛來保護

每個人都有與生俱來的自我實現的傾向，生活中的很多人都有臻於自我實現的行為。

圖 7-3　人都有實現自我的傾向

第七章　費希納講「本能」

自己，甚至脫離自己的真實感受，自我實現也變得不可及。」

「確實，」費希納教授表示肯定，「生活中的很多人都有臻於自我實現的行為，我可以給你們提供一些建設性的意見。」

首先，自我實現是一個長時間積累、歷練的過程，並不是須臾彈指間能實現的事情，要有滴水穿石的信心和大浪淘沙的耐心。

費希納教授說道：「人本主義主張把我們的生命看作是一個持續不斷的成長過程。人生中的每一個選擇都決定著我們是在通往自我實現的光明大道上前進還是後退，說謊還是誠實，明哲保身還是勇敢面對。這些都是成長性的選擇。有時，我們會選擇退縮、防禦甚至逃避，也有的時候我們會向成長邁出一大步。如果你勇於面對困難而非逃避，積極看待生活而非墮落，慢慢地，你就會達到自我實現的境界。」

邁向自我實現的第一步，就是要傾聽自己的聲音。當我們被問到是否喜歡某一個東西，或者對某樣物品、事件的看法、觀點時，一定要在第一時間拋棄自己從他人嘴裡聽到的那些評論，擋住外界的聲音，閉上眼睛，詢問自己的內心是怎麼想的。直到聽到內心深處傳來的那個聲音之後，我們才可以堅定地說自己喜歡，或者不喜歡，發表意見。

圖 7-4　傾聽自己的心聲

何超凡說道：「是呀，生活中的很多人都把自己真實的想法埋在心底，看畫展或者欣賞古典音樂時，明明內心並不十分理解這些藝術，卻很少聽到有人詢問『這幅畫或者這音樂，想表達什麼』，總是表現出自己什麼都知道的樣子。幾乎我們每個人都做過類似的蠢事，這

樣的行為無疑是把自我實現推得越來越遠。」（見圖 7-4）

其次，我們要學會承擔責任。「可能」「也許」這類「拿不準」的詞語在生活中隨處可見，但是這些詞語的背後代表的是一種不誠實和不願意承擔責任的想法。

費希納教授說道：「以愛情為例，曖昧就是一種極度不負責任的表現。那些害怕做出承諾、害怕承擔責任的人總會以曖昧或者一夜情的形式與異性交往。相比之下，表白、婚姻這些就要偉大得多，因為他們敢於承擔責任。責任無疑是自我實現中最重要的一點。」

另外，自我體驗意味著充分、完全、全神貫注地體驗生活，它的核心詞是「忘我」。如何做到忘我？這就需要我們自己拋開平時的偽裝、防衛和羞怯，投入某一件事情中。

仔細回想一下，當你身邊的朋友在某一個時刻一心一意地專注工作、看書或者繪畫時，他們的臉上是不是露出過一種天真、幸福的表情。這就是自我體驗。但是現在很多的年輕人被一些自我意識和外界環境干擾太多，導致很難進入忘我的境界。

在達到「忘我」的同時，我們還需要做到「全力以赴」。自我實現不一定是指去完成一件驚天地泣鬼神的大事，而是收穫一段艱苦、努力的經歷。對每一件事情都竭盡所能地去完成會在無意之間激發我們的潛力，還可以讓我們有更高的追求。這樣積極的生活體驗無疑也會讓我們更接近自我實現。

費希納教授說道：「當然，若想真正做到自我實現，還是需要長期的積累。上文所說的那些建議可能看起來都是微不足道的小事。但是如果一個人在每一次內心掙扎、矛盾時都做出了正確的選擇，也就是做好了那些小事，

漸漸地，他就會發現，這無數的小事加在一起就是對生活更好的選擇。」

夏曉楠點點頭，不錯，也只有這樣，他才能更好地傾聽自己的內心世界，有明確的目標，知道自己真正想要的是什麼，從而才能更好地選擇自己的未來和生活。

第三節　入世與出世

費希納教授拿起何超凡桌上的書，是村上春樹的《挪威的森林》。

費希納教授說道：「著名文學作家村上春樹的作品甚受大眾喜愛，這本《挪威的森林》在我們心中留下了什麼樣的印象以及如何耐人回味更不用多提。」

夏曉楠也看過這本書，主角渡邊的一位名叫永澤的好友與初美相愛多年。永澤的背叛和花心，初美看在眼裡卻在心中默默忍受，永澤也表示，不管他曾染指過多少個女人，初美永遠都是他的最愛。

當一個出國深造的機會擺在永澤面前時，他卻放棄了與初美之間的愛情。他的這一舉動甚至導致初美的消沉和自殺。渡邊十分不解，憤怒地詢問永澤，他對初美的愛到哪裡去了，怎麼能狠心離開初美。永澤卻說，我和你不一樣，我是一個「入世」的人。

而渡邊的另一位好朋友直子，住進了一家風景秀麗的療養院，療養院中的人大多被診斷為精神有問題。某天，渡邊去看望她時，直子問渡邊，「你也覺得我有病嗎？」渡邊說，「這我不敢亂說，你現在經不起打擊。」

直子卻說了一段引發我們深思的話，「你不覺得住在外面的人才有病嗎？這些住在療養院裡的人不用被世俗所困擾，可以隨心所欲。你不覺得這才

是正常的嗎？」對此，渡邊把直子定義為「出世」的人。

「入世」和「出世」這兩個詞無疑讓我們所有人感到困惑。

費希納教授說道：「入世主義者以現實的態度待人處事、思考問題。他們大多數主張實幹，而非思想家。像羅斯福、杜魯門和艾森豪威爾等美國總統都是這一類人。出世主義者則常常意識到內在的精神價值，哲學家、宗教家和藝術家皆是如此，他們具有豐富的思想意識，感悟宇宙與人生。」（見圖7-5）

> 入世主義者以現實的態度待人處事、思考問題；出世主義者則常常意識到內在的精神價值。

圖7-5 出世者和入世者

帶著費希納教授的理解，夏曉楠仔細分析了「入世」與「出世」。

初美死前，永澤也經常跟渡邊說，紳士就是做自己該做的事情，而不是自己想做的事情。為了滿足他人期待的眼光，永澤放棄了自己的愛情，去追求那些物質上的滿足，做他人認為該做的事，而不是自己真正想做的事，由此可見，他是一個十分極端的入世主義者。

回想當今，我們周圍的絕大多數都是「入世」的人。在費希納教授的層次需求金字塔中，我們不過是徘徊在最低端的浮游生物，被他人的眼光束縛，去爭奪那些我們本不需要，也不想要的金錢名譽。我們深陷世俗，被它折磨，被它控制。

或許像直子那樣在療養院中過著與世隔絕的日子，每日看書寫字、與花草自然相伴才能被稱得上是「出世」。他們認為那些在鋼筋混凝土的城市中為了一些物質上的滿足而馬不停蹄地忙於奔波的人，沒有時間去思考，沒有時

間去留意身邊的美景。

在聽完直子的話後，渡邊回想自己之前的生活，也不過是和同屆的朋友搞學運，遊行，罷課。仔細一想，這些事物貌似對於他自己真的沒有多大的意義。可能在我們的眼裡，他們不過是精神有問題的患者，可是在費希納教授的理念中，他們是未被世俗侵染的出世主義者。

貝多芬、梵谷之類的藝術大家儘管家貧，卻不曾被物質上的東西或者他人的眼光所困擾，他們在思考更高深的東西，從音樂、繪畫中尋找自我，以及生命的意義。

流浪文學創始人三毛就是一個出世主義者。在丈夫死後，她以非常便宜的價格賣掉了往日的溫馨小屋，理由是「最美好的回憶已經收藏在我的腦中，而那些房子、家具都是死的」。當身邊所有人都一身黑色來悼念她丈夫的時候，她卻依舊不改五顏六色的花裙子。

並不是她不愛她丈夫，而是她覺得這些都是形式，都是表面的，真正的、有價值的東西早已被她收入心中。不管穿什麼樣的服裝，她的愛都是一樣的。

對於「出世」和「入世」，古代的兩位學者也曾提出過他們獨特的見解。

費希納教授說道：「《韓非子忠孝篇》中講過，君為臣綱，父為子綱，夫為妻綱。後來被董仲舒借鑑、繼承了三綱理論。董仲舒認為，人與人之間應當講究上下尊卑的基本法則。身為君主，就要有君主的樣子。」

孫昱鵬想，要是一個君主總是蹺著二郎腿跟大臣們喝茶，甚至稱兄道弟，就會被認為是不合體的行為。臣子就理應敬重君主，服從命令聽指揮。同理，子女要尊重父母，以父母的話為天命，妻子也要尊重自己的丈夫，舉

案齊眉，好吃好喝地伺候。這就是很典型的「入世」思想。

費希納教授說道：「所謂『入世』思想，說得簡單一點就是把『升職加薪、當上總經理、出任 CEO、迎娶白富美、走上人生巔峰』這些事情當作目標，按照社會環境的眼光、觀點去辦事。要講究社會制度、道德禮儀，不能為所欲為，想當然爾的辦事方法。」（見圖 7-6）

入世

圖 7-6　入世

而逍遙派的莊子則主張「天道無為」。這與董仲舒等人的觀念又大有不同。莊子認為一切事物都在變化，自然而然形成的東西永遠比人為的要好，所以要順從天法。（見圖 7-7）

在他的理論中，「天」與「人」是相對的兩個觀念。「天」代表著自然，而「人」則代表人為，是與自然全完相背離的。就像人

出世

圖 7-7　出世

為兩字合起來是個「偽」字一樣。因此，我們要順從天道，摒棄人為，做到「無為而治」。這就是一個「出世」思想。

費希納教授說道：「順從自然，不依靠他人的評論和眼光去做事。好比你是一塊粗糙的石頭，無須特意去打磨自己，讓自己變成一枚光滑亮麗的鵝卵石，也無須過分雕琢自己，讓自己變成造型奇特的工藝品。只需沐浴陽光，躺在大自然的懷抱中，任憑風雨去打磨，任憑海浪去雕琢。順其自然，沒必

要被世俗叨擾，自然讓你怎樣，你便怎樣。」

「入世」與「出世」是完全不同的兩個觀念，但它們都是人們的思想發展到一定程度後的結晶。兩者之間並無好壞之分，只不過是每個人的觀點理論不一樣罷了。

費希納教授說道：「有的人活著是為了讓自己身邊的人過得幸福，或是希望能為父母爭一口氣，讓別人瞧得起自己。這樣的人往往會拼了命地工作，甚至為了一份訂單、一個項目、一個工作而違背自己的意願，滿臉堆笑和不喜歡的人打交道，說著違心的話。相反，還有的人隨遇而安，不會過於糾結那些物質上的滿足。他們及時行樂，遊山玩水，享受生活，領悟世界的奧妙。就算流落街頭、身無分文也覺得無所謂。」

夏曉楠想：是呀，無論是哪一種都是有意義的，我們始終相信，那些能為他人提供幫助的人都不是碌碌無為之輩。

第八章
比奈講「智力」

　　本章透過四小節，詳細介紹了心理學中的智商現象。
同時使用了大量的佐證，以及幽默易懂的配圖，為讀者講
述了智力的根源。本章內容豐富，文字淺顯易懂，讀者
能在輕鬆明快的氛圍下進行閱讀。適用於渴望了解智商
的讀者。

阿爾弗雷德‧比奈
（Binet Alfred）

法國實驗心理學家，智力測驗創始人。

比奈是一個法學博士，他曾經師從心理學家學習催眠術，也因此轉向研究心理學。

比奈對心理學的興趣很廣泛，他研究過變態心理學、記憶和遺忘等多個領域。一九零五年他與合作夥伴西蒙一同創造了測量智力的方法，編成了「比奈－西蒙智力量表」，開創了關於智力研究的新紀元。

比奈著有《智力的實驗研究》、《推理心理學》等，有些研究直到今天依然具有指導意義。

第一節　智商比你高一點

今天的心理學課程換了地方，比奈教授說，要帶學生們參觀小學。

夏曉楠心想，這小學有什麼好參觀的……

時間：某年某月

地點：某所小學

人物：小西和小東

事件：某次數學模擬剛剛結束，根據班規，分數最高的人可以獲得一張漂亮的小貼紙。小西和小東都考了滿分，教授一人賞了一張小貼紙。沒想到，這倆人卻不高興了。正所謂，一山容不得二虎，到底誰是第一誰是第二

第八章　比奈講「智力」

必須要爭個明白。

　　小西：「我寫得比你快！」

　　小東：「我字比你好看！」

　　小西：「我智商比你多半斤！」

　　小東：「我智商比你多二兩！」

　　教授和班裡的同學發了愁，這吵下去什麼時候才是個頭。無奈之下，教授決定再出三道數學題，誰答對得多，誰就智商高。兩人一致同意。半個小時之後，一人交上一份答卷。可對著答案一看，三道數學題，兩人各錯一道，又打成了平手，這要如何是好呢？（見圖 8-1）

圖 8-1　智商是什麼？

　　千鈞一髮之際，比奈教授從天而降，「終於輪到我大顯神威了，哈哈哈。」

　　小西：「老先生你是誰呀？」

　　比奈教授：「你這個小朋友怎麼說話，我可是著名的法國心理學家，智商測試的創始人。剛才我在天空中正喝著咖啡呢，突然聽到底下有人在討論智商問題，快馬加鞭就飛了下來。你們不是想知道誰智商高嗎？我來當評審，給你們出題。」

小西和小東一聽此提議，異口同聲的同意了。

比奈教授：「首先，我來跟你們講一下，什麼叫做智商。智商是智力商數的簡稱，用來衡量一個人在其年齡段的智力發展程度。我和我的徒弟西蒙曾研究出第一套智力測驗量表。智力測驗量表主要測驗人的觀察力、想像力和邏輯思維能力。正常人的智商大多在八十五到一一五之間，超過一一五的可以算得上是具有天才的大腦，而七十五以下的則表明此人智商上有缺陷。」

小東：「那比奈教授，您研究的這個智力測驗量表裡面的題目都是什麼樣子的呢？」

比奈教授：「小朋友，你這個問題問得很好。舉個例子吧，元對於角相當於小時對於什麼東西呢？」

小東：「元對於角相當於小時對於分。因為角是比元小的單位，而比小時小的單位只有分鐘了。」

比奈教授：「不錯，你很聰明嘛。邏輯思維很清晰。」

小西：「這有什麼，我也可以答對。比奈教授，你考我試試。」

比奈教授：「那我考你一個難些的。如果所有的甲都是乙，沒有一個乙是丙，那麼我們可不可以說所有的甲都不是丙？」

小西：「必須可以呀。當所有的甲都是乙，沒有一個乙是丙時，就意味著沒有一個甲是丙，自然所有的甲都不是丙了。

比奈教授：「對對對。這兩道題都是我和西蒙一起研發出的智力測驗量表裡面的題目。像第一道題考的就是我們邏輯思維能力中的思維轉換能力，能否在兩者之間找出相同的概念並且靈活運用到其他事物上。其實，我們學的數學、物理中有很大一部分都與剛才的那道題類似。我來給你們看兩道

第八章 比奈講「智力」

數學題。

第一道題是某小學的老師要求同學們按大小個排隊，小明前面有十個人，後面有十個人，請問小明站在第幾個。

第二道題是小明買了許多蘋果，為了數清自己買了幾個蘋果，他把蘋果排成一排。從中間隨機選出一個蘋果做上標記，然後又放回原處。這個被標記的蘋果前面有七個蘋果，後面有四個蘋果，問小明一共買了多少個蘋果。

這兩道題看似不同，實際上都涉及同一個概念，只不過是數字和情景變了而已。我們可以看出，一個簡單的公式可以應對無數種不同的題目，高智商的人往往很容易就可以發現兩者之間的關係，而那些智商中等或者偏下的人處理這樣的題目就會有些難度。

而小西回答的那道題考的則是邏輯能力中的推導能力，測試一個人能否從已知的條件推斷出可能發生的結果，或者利用逆向思維，利用結果去猜測未知的條件。這一點在數學中的運用也十分廣泛。比如，那道經典的數學題，直線 a 平行於直線 b，直線 b 平行於直線 c，看到這，我們很容易就能推斷出直線 a 平行於直線 c。這就是一個很經典的考驗我們邏輯能力的題。

邏輯能力只不過是衡量智商中的一小部分，除此之外還有我剛才提到過的觀察能力和想像能力。（見圖 8-2）

如果沒有很好的觀察力和想像力，再優秀的邏輯思維也不過是一盤散沙。只有三者

邏輯思維能力只是智商的一小部分，但卻是十分重要的一小部分。

圖 8-2　邏輯思維與智商

的綜合運用才能更全面地解決問題。現在，你們是不是對我崇拜得五體投地？覺得我的智力測驗量表很有道理？」

小西：「必須崇拜啊！快測驗我們，看看我們誰的智商高吧。」

小東：「就是就是。」

比奈教授：「好的，你們跟我來。」

一個小時之後，小西和小東做完了測驗，可是比奈教授卻對著智力測驗量表發愁。因為，這一次，兩個人的分數還是一模一樣。

比奈教授：「告訴你們一個不幸的消息，你倆測試的結果十分相像……不過，我還有一個辦法。我和西蒙研究出一個人的智商和他的實際年齡有著很大的連繫，如果一個人測驗的分數特別高，但是他的實際年齡也很大，那麼他的智商也不過是中等水準而已。所以，既然你倆分數相同，那麼你倆中歲數小的那一個人的智商也就偏高。」

小西：「可是，我們是雙胞胎。」

比奈教授：「什麼？這我倒是一點兒都沒看出來。」

小東：「你看我們一個叫小西一個叫小東。要嗎我們是雙胞胎所以名字相似，不然就是作者太懶了連名字都是隨便取的。」

比奈教授：「如此一來，你倆只能猜拳決定了！」

小西和小東：「教授，你也太不負責任了吧！」

比奈教授：「為什麼非要爭論誰的智商高呢？有沒有聽過一句話叫做淹死的都是會游泳的。很多人在知道自己是天才了之後會變得懶散，消極，對事物怠慢，沒有上進心。他們覺得自己很聰明，認為自己的先天優勢已經足夠好，無須像別人那麼努力。最後失之毫釐，謬以千里，變成了平庸之徒。

第八章　比奈講「智力」

有沒有聽過龜兔賽跑的故事？一顆持之以恆、永不放棄的心比智商要有用得多。跟你說了這麼多，我的學生們都等急了，好了，我先走一步啦。」

第二節　像福爾摩斯一樣去思考

從小學回來，夏曉楠總覺得似乎學到了什麼東西，但又有點兒思索不透。

比奈教授笑著說：「其實，一提到智商高的人，就自然而然地會想到古今中外那些能夠明察秋毫、斷案如神的人，比如，包拯、狄仁杰、柯南等。我們今天要講的這一位在斷案方面更是出神入化，那就是著名偵探夏洛克·福爾摩斯。心理學家研究智力測驗量表主要是來測量一個人的觀察力、想像力和邏輯思維能力。夏洛克·福爾摩斯對這三方面的運用可謂遊刃有餘，我們都知道他智商高，但具體怎麼高，我們拭目以待。」

夏曉楠心想，包拯的朋友中武有展昭，文有公孫策，狄仁杰更是廣交朋友，更何況，就連秦檜都有三個朋友，雖然夏洛克·福爾摩斯性格孤僻，習慣我行我素，可是他也是有華生這個摯友的。沒有華生的幫助，福爾摩斯也不會有今天的成就。所以，我們先談一談他和華生是怎樣邂逅的。

老朋友麥克跟華生閒談中聊起夏洛克·福爾摩斯，那時的華生對這個人毫無了解，只聽麥克介紹說這個人性格怪異，想找個人合租房子。碰巧，華生也在為住處發愁，便答應了下來。

當天，麥克就帶華生去見夏洛克。沒想到夏洛克看到華生第一句話就是，「阿富汗還是伊拉克？」華生不解，夏洛克解釋說「你去過阿富汗還是伊拉克？」華生突然明白面前的這個人是在詢問自己曾在阿富汗還是伊拉克服役，他回答說阿富汗，又問夏洛克是如何知道自己的事。不想，夏洛克理都沒理他，又繼續問道「你對小提琴有什麼看法？」（見圖 8-3）

福爾摩斯

圖 8-3　福爾摩斯

華生又是一頭霧水，夏洛克說道，「我在思考問題的時候會拉小提琴，有時候我會一連幾天不發一言，你會介意嗎？我覺得未來的室友應該了解彼此最壞的情況。」華生當時就驚呆了，便詢問麥克是否跟他提到過自己，麥克搖了搖頭。

讀到這兒的朋友應該和華生一樣也是心裡充滿了疑惑，腦袋裡裝著無數個問題。別急，待夏洛克來一一解答。

為什麼夏洛克看到華生的第一眼就能猜到他是來談合租的事情呢？這是因為夏洛克早上告訴過麥克，像他這樣的人肯定很難找室友，而剛吃過午餐，他就帶來自己的一個老朋友，還在阿富汗服過兵役，這並不難推論。

那夏洛克又是如何知道華生在阿富汗服過兵役呢？對此，夏洛克的答案是「我觀察出來的」。華生乾淨俐落的髮型和筆直的站立姿勢說明他是軍人出身。他臉上曬黑了但手腕以上卻沒有被曬黑，說明他剛從國外回來，而且曬黑不是刻意做的日光浴。另外，華生走路跛得很厲害，但是寧願站著也不要求坐下，很明顯，這是一個軍人的氣質。戰傷和曬黑只可能在兩個地方出現同時出現，阿富汗或者伊拉克。

第八章　比奈講「智力」

比奈教授說道：「雖然夏洛克這個人是否真的存在一直是一個謎，但這並不妨礙我們分析學習他的思維方式。從上述分析中我們可以發現，夏洛克有超凡的觀察力和推斷能力。那他的想像能力又如何呢？」

夏洛克看到華生之後，得出的結論比剛才我們講的還要豐富。他跟華生借了一下手機之後，又立馬分析出華生和他哥哥的關係不好，甚至還猜到了他哥哥是個酒鬼。

同理，夏洛克發現華生的手機功能很多，可以發郵件，聽音樂，十分昂貴。可是一個能買得起如此昂貴的手機的人肯定不會找人合租，況且手機的背面有多處刮痕，一個需要找人合租的人肯定不會這樣對待自己的奢侈品，所以這個手機一定不屬於他。

手機背面刻著海瑞華生的名字，顯然這部手機是華生的家人送給他的。華生的哥哥送他手機表明想與他聯絡，但華生寧願跟別人合租也不願意去向他哥哥求助，這說明兄弟倆的關係不好。

手機電源插口的周圍有細小的磨損痕跡。想像一下，這樣的情況是怎樣出現的？夏洛克猜測，當手機的主人幫手機充電時，他的手總在抖。意識清醒的人不會這樣，所以這個人一定是個酒鬼。

比奈教授看著聽呆了的同學，大聲笑道：「被嚇到了？是不是不由得想大喊一聲『大人真乃神人也』？接著，我們就來學習如何像大偵探夏洛克‧福爾摩斯一樣地思考。」

首先，我們需要有非常強的觀察力，有一雙可以在雞蛋裡面挑骨頭的眼睛。當然，這不是讓你找麻煩，而是不放過每一個細節，不論它看上去有多麼的平常。每個人的穿著、舉止、言語都會向你洩露這個人的一些小習慣或

者小祕密。

　　比如，穿衣風格會體現出一個人的性格，口音可以告訴你他來自於哪裡，而他的行為可能會暴露出他的職業或者工作環境。如果一個人穿著十分隨意，則證明他的性格也是如此，或者他的工作環境對穿著的要求並不是很高。相反，要是一個人一身正裝，說話的口吻也很客氣，那麼這個人要麼出生於教育良好的家庭要麼在做接待方面的工作。

　　其次，就是要充分地發揮自己的想像力。假設自己就在案發的那一刻，自己會看到什麼，假設自己就是殺人犯，自己會怎麼做，編造什麼樣的藉口，假設某個目擊者說的話都是真實的，那麼情景又會變成怎樣，等等。總之就是利用自己的想像力在腦海中構造出一個已經發生過或者可能要發生的場面。

　　最後，就是需要彪悍的邏輯思維。總結之前觀察到的東西，想像到的東西，然後再以此為根據進行推斷。舉個例子，一個人如果冒著暴雨出門，那麼他一定有很要緊並且刻不容緩，不得不自己出面才能解決的事情。

　　比奈教授說道：「這三點不光是破案必備的技能，同樣也是我來評判智商高低的根據。下面，就讓我們牛刀小試一下，看看上述三點你是否掌握。」

　　一個房間裡面有兩女一男，男 a 在和女 a 說些什麼，然後女 a 走過去扇了女 b 一巴掌，女 b 立馬抽了女 a 一巴掌，女 a 回過給了男 a 一巴掌，男 a 愣了一秒抽了女 b 一巴掌。請問女 a 和女 b 誰是原配誰是小三？

　　相信你已經有了自己的答案。女 a 是原配，發現自己的男人出軌，最開始聽男人解釋，但是越聽越火，便過去給了第三者女 b 一巴掌。女 b 比較強悍就直接抽了回來，理由是你管不好你的男人，你抽我有什麼用。女 a 感到

委屈，覺得自己這樣都是因為男 a，便給了男 a 一巴掌，男 a 沒反應過來，可能本來想扇回去，但一想這是自己的正牌女朋友，就抽了小三女 b 一巴掌，理由是保護自己的女朋友。

夏曉楠笑著說道：「以此來看，想要具備和夏洛克一樣的思維模式也不是那麼難。如果你也夢想成為一個名聲遠颺、斷案如神的私家偵探，那就多觀察，多思考，多看看偵探小說吧。」（見圖 8-4）

每個智力正常的人，都有成為福爾摩斯的潛能。

圖 8-4　福爾摩斯只是正常人

第三節　智商低≠弱智

根據比奈教授的智力測驗量表，學生們了解到正常人的智商在九十到一一零之間，超過一四零的被稱作是天才，而低於七十的則表明此人智力有缺陷，也就是我們常說的弱智。

根據智力測驗量表得出的分數，智力低下程度也被劃分成了幾個不同級別：輕度，中度，重度和極重度。對於這四種不同的智商分類，精神病學也給出了相對的名詞，分別是愚蠢、愚魯、痴愚和白痴。

比奈教授介紹道，智商在五十到七十之間的屬於輕度智力低下。相比於智商正常的人，這些人在幼兒時期反應遲緩，對周邊的事物缺乏一定的興趣，並且不是很活潑。語言的掌握比普通人要慢，分析能力很差，對於事物的認知程度只停留在表面。遇事缺乏主見，依賴性強，易受環境和他人的影響。喜歡循規蹈矩，適應新環境需要時間，但在他人指導下可以良好地適應

環境。學習成績會比一般的學生差，在數學方面的學習感到很吃力，記憶力正常卻不能靈活運用。

中度智力低下的人智商在三十到四十九之間，他們的語言功能發育不全，常常吐字不清，詞彙量極低，只能進行簡單的交流，對於一些抽象概念更是模糊，難以理解。同樣，對周邊事物的認知有問題。閱讀和計算方面都很難取得進步，不過，長期的教育和訓練可以使他們學會最基本的衛生習慣、安全習慣和一些小技巧。

智商處於十五到二十九之間的人屬於重度智力低下。他們不喜歡說話，自我表達能力有限，發音含糊，理解能力低下，情感十分幼稚，易怒易衝動。動作遲緩笨拙，卻能憑藉自己的能力躲避一些危險。醫學表明，這類人經過系統的習慣訓練可以養成簡單的生活和衛生習慣，不過，依舊需要人照顧。

一個人的智商低於十五則證明他有極重度的智力缺陷。他對自己看到、聽到、接觸到的一切事物都感到困惑，無法理解。缺乏語言功能，常無意識地嚎叫，偶爾會喊「媽媽」「爸爸」，卻無法真正地辨認自己的父母。缺乏自我保護的本能，遇到危險不知道躲避。身體的感覺明顯減退，手腳不靈活或者終生不能行走，有很大的機率患有殘疾和癲癇。這類人大多會夭折，若僥倖活了下來可以透過訓練增強對手腳的使用。

孫昱鵬說道：「如此看來，是不是一個人的智商要是低於 70，那麼他這輩子已經也就沒有什麼希望可言了？」

比奈教授果斷地說：「No，先不要這麼早的下定義，如果我告訴你，有一個人屬於中度智力低下，但他心算速度可以和電腦相比，你還依舊會覺得他是弱智嗎？」（見圖 8-5）

第八章　比奈講「智力」

夏曉楠知道，比奈教授說的人名叫周瑋。周瑋從小就被診斷出先天的腦癱，不過，他從小就喜歡數學，上到小學三年級被強制退學後一直在家玩計算機和電腦。後來，在電視節目中向所有人展示了他超強的心算能力。

圖 8-5　智商不是絕對的

1391237759766345 開 14 次方根，看到這麼長的一串數字後，估計大家按計算機都得按好久，可是周瑋卻用逆天的速度寫下了答案。大家不由得想問，這樣一位數學能力令人驚嘆的人為什麼在比奈教授的智力測驗量表中只得了 40 分？

很明顯，儘管比奈教授的智力測驗量表有著突破性的成就，可是無疑，它是有缺陷的。

其實，比奈教授的智力測驗量表是有限制的，智力測驗量表的使用有一個前提，就是假設測驗者已接受過他這個年齡段應當接受的教育。比如，裡面有一道題的題目是，從「正確」「明確」「肯定」「信心」「真實」這五個詞語中找出與「確信」這個詞意義相同或者意義接近的詞。

一個受教育時間連三年都沒有的人，他怎麼可能會具備正確回答這道題的能力？甚至，還有的題涉及魔方，像周瑋這樣出生在偏遠鄉下，並且因為同年紀的人的嘲笑而不敢走出門的人怎麼可能會知道魔術方塊這樣的東西？面對一個小學都沒有畢業，只是憑藉興趣而接觸數學世界，卻有著超高天賦和能力的人，誰會忍心用一個測試的結果去斷言他是個智障？

比奈教授說道：「我的智力測驗量表的第二個缺陷就是它的覆蓋面太窄。

雖然它囊括了有關空間轉換、邏輯分析之類的內容，可是這些都屬於理科的範疇。莫非只有那些數學好的人才能被稱作是正常人嗎？貝多芬、梵谷之類的人大部分對數學毫無興趣，在數學方面的表現也只是中等而已，但他們絕對不是平庸之徒，在音樂和繪畫領域他們可謂百年不遇的奇才。這一點是無法在我的智力測驗量表中看出的。」

智力測驗量表的第三個缺陷就是，裡面有些題目的答案是模棱兩可的。其中有一道題問的是，請從 N、A、V、H、F 中選出一個與眾不同的。

人們可以選擇 F，因為 N、A、V、H 這四個字母的左半部分都可以透過旋轉或者折疊變成右半部分，而 F 不能；同時，我們還可以說正確答案是 V，因為剩餘四個字母都是由三筆構成。每個人都可以得出不同的答案，因為每個人的思維模式都不一樣。

智力測驗量表中的答案無非是大多數人的選擇而已。僅僅由於某個人的思維方式比較獨特，不同於大眾便把他定義為智障？仔細回想，我們今日習以為常的生活用品放在幾十年前根本就是無稽之談，所以，我們很難判斷身邊某個奇思妙想的人是智障還是未來的大發明家。

「總而言之，由於我的智力測驗量表存在某些方面的不足，我們很難用它去定義一個人是否是智障，這也解釋了為什麼智力測驗量表一直在不斷地被翻新，不斷地被改進，」比奈教授說道，「話說回來，天生我材必有用，只要發現自己的特長，找到自己擅長的領域，向著目標不斷前進，就算你的智商只有幾十，你也一定會成功。」

孫昱鵬惋惜道：「不過可惜的是，很多人因為別人反應慢或者智力低下而對他們嗤之以鼻，甚至嘲笑、戲弄他人。就像那個天才周瑋，他從小就被同學歧視、排斥，而且老師還告訴家長孩子智商太低不能繼續上學，這些因素

無疑為周瑋的成長製造了很多阻礙，他只能與計算機和數字為伴。」

比奈教授說道：「是呀，估計周瑋當初的老師都沒有想到，當年那個被他勸退的學生今日居然會有如此的成就。未來無法預測，沒準你今日嘲笑的那個人就是被埋沒的天才，那些嘲弄的幼稚行為就像是往鑽石上撒灰一樣。在對自己的未來持以樂觀的態度時，請同樣積極地看待那些在跑道上落在你身後的朋友。」

第四節　智商高 ≠ 天才

比奈教授：「我們已經知道了智商低的不一定是弱智，那麼智商高的人就一定是天才嗎？」

圖 8-6　傷仲永

夏曉楠：「王安石曾寫過一篇文章，名叫《傷仲永》。（見圖 8-6）這篇文章主要講在金溪有一個名叫方仲永的小孩。方仲永家中世代以耕田為業，所以很少接觸文學之類的東西。在方仲永五歲的時候，某天他突然哭著向他老爹要筆和紙，於是他爹跑到鄰居家借來了給他。方仲永如魚得水，立馬題了一首詩出來。從此，這個小孩就出名了，只要指定事物讓他作詩，他馬上就能寫出來，而且詩寫得還相當不錯。漸漸地，村裡的鄉親都來拜訪方仲永他們家，還常常送一些禮物，甚至還有人花錢請他作詩。方仲永他爹覺得從中有利可圖，便帶著他四處走訪一些名人豪紳來結交關係。可是，當方仲永十二三歲的時候，再叫他作詩，他寫出來的東西已經和從前差之甚遠。又過了七年，方仲永的才能

消失了，和普通人沒有什麼區別。」

比奈教授點點頭：「不錯，方仲永無疑就是我們口中常說的天才兒童，只可惜那個年代比奈教授還沒有出生，不然可以給他測測智商。可是，這個天才是如何變成普通人的呢？原因很簡單，方仲永的父親為了謀取一點蠅頭小利而整天帶著他跑來跑去，使得方仲永連看書學習的時間都沒有，最後導致他變得平庸，不再是一個令人嘆服的天才。」（見圖 8-7）

圖 8-7 天才不意味著一定成功

張棟興說道：「不光是方仲永，現實生活中的許多人智商都很高，但他們之中很大一部分不過是平庸之輩，並非天才，甚至有的時候，連普通人都不如。這種現象又因何而起？」

孫昱鵬說：「電影《蜘蛛人》中男主角彼得‧派克的叔叔在臨死前留給他的忠告是，能力越大，責任越大。不僅如此，一個人的能力越大，他面臨的困難也就越大。而高智商人群想要坐穩『天才』寶座就必須戰勝兩個可怕的魔鬼——自負和獨斷。」

比奈教授說道：「當一個超高智商的人看著身邊的同學或者同事整日熬夜，艱苦奮鬥很長時間才完成自己幾個小時就能做完的工作時，這個人的內心一定會充滿自信。自信自然是好事，不但讓我們保持樂觀積極的心態，還可以使我們有勇氣去接受更有挑戰的任務。不過，如果你對於自己的心態控制不當，這種自信很容易就會變成自負，懶散也會緊跟其後，張牙舞爪地向你撲來，將高智商給你帶來的優越一點點磨平，甚至導致你敗倒在那些本不

第八章 比奈講「智力」

如你的朋友的腳下。」

夏曉楠說：「您說得有點抽象啊。」

比奈教授給出了一個例子：

某位智商高達一三零的高中生小 S，在上高一第一節數學課時感到分外輕鬆，心中不由得暗喜，慶幸自己碰上了一個有能力的數學教授。可是，下課後，班裡的無數同學排著隊找老師問問題。

見此狀小 S 就很不解，以為自己上課錯過了什麼比較難的知識，便也跟著去問問題。沒想到的是，同學們問的問題都十分簡單。

幾週之後，他發現自己在數學方面有很高的天賦，而且理解能力超強，往往教授只講一遍他就能聽懂。有一天，他打籃球的時候不小心傷到了手腕，就請假出去看病，不得不錯過一節數學課。他找老師補課的過程中，意識到老師上課講四十分鐘的知識自己十多分鐘就能搞定，甚至不用依靠老師，自己看書都能大致理解。

從那以後，他就開始時不時地上數學課睡覺，還翹課，覺得自己這麼聰明，差一兩節課也無所謂。回到宿舍，看到室友努力認真寫作業，他心裡暗笑，「哼，你們這些學渣，一個數學練習作業都要寫兩三個小時，我不練習分數都比你們高。」

於是，他落後的課越來越多，最開始考試的時候憑藉考前衝刺還能勉強得個優，漸漸的，就算考前衝刺也無力回天，他的成績已然變成了中等。

比奈教授說道：「接下來，我就要講到導致高智商的天才變為普通人的第二個重要因素 —— 獨斷。高智商的人會因為過度自信，而變得獨斷，剛愎自用。因為覺得其他人不如自己，所以對於他們給出的一些意見，哪怕是有用

的正確的，也不理不睬，從而使得他們在錯誤的道路上越走越遠。」

孫昱鵬說：「遇到這種情況，正常人一般都會找朋友或者教授惡補吧？」

不錯，但是小S偏不這麼做。當同學好心幫他講題或者指出他解題方式的缺陷時，他卻心想，「哼，你們這些渣渣，明明是你們的方法不夠好，居然還說哥的方法不正確。」他拒絕找同學尋求幫助，同時又因為教授總是指責他不去上課而不願意找教授。最後，就連別人勸他去上課時，他也在想「哼，你們這些渣渣，我和你們不是一個級別的，上課什麼的根本不需要。」由於小S過於相信和依賴自己的智商，並且對朋友的建議充耳不聞，他的下場很慘，不光成績平平，還多次因為逃課被叫家長。

夏曉楠點點頭，方仲永、小S他們都不是特例，而是我們生活中經常遇到的人，或許他們的確有著某種他人不具備的天賦，可生活是一場馬拉松，最後勝利的往往不是跑得最快的那一個，而是有耐心、有毅力的那一個。

所謂「滿招損，謙受益」，能在比奈教授的智力測驗量表中得到一個高分無疑是一件好事，如果合理利用並且時時保持著一顆「三人行必有我師」的心，你會收穫許多有價值的東西，成為人人仰慕的「天才」。

相反，如果你因為自己的智商、能力比他人高而變得驕傲自大，獨斷專行，你會錯過很多對你人生有利的東西，久而久之，別人小步慢跑終究會超過在原地打轉的你，「天才」這個詞也會離你越來越遠。

著名演員葛優無論是從二十歲開始演戲，還是現在成為家喻戶曉的大腕，他從未自滿，總是用一副低調謙虛的態度待人處事。讀書不敢說讀書，覺得自己學疏才淺，便說「看幾個字」；當別人誇讚他某一部戲演得出色時，也只是笑著擺擺手，解釋說「不過是導演和劇本好」；無論是誰，名氣大小，

第八章　比奈講「智力」

身價高低，跟他講戲的時候，他也總是虛心聆聽，沒有一點不滿。若想成大事，這種品質是不能少的，就算是天才也不例外。

第九章
施奈德講「錯覺」

　　本章透過三小節，詳細介紹了施奈德關於「錯覺」的心理學重點。本章透過幽默風趣的語言、簡潔有趣的配圖，讓讀者很輕鬆地理解了公開含義和隱藏含義，適用於渴望了解錯覺的讀者，並能幫助這部分讀者顯著提高其心理學能力。

科克・施奈德
（Kirk Schneider）

美國心理學家，哲學博士。

施奈德主要研究領域是存在一人本主義心理學。他除了重視理論研究外，更重視理論在日常生活中的應用。他倡導人應該對自己的心理狀況有所了解，並進行自我心理理療。

他是存在主義心理學大師羅洛・梅的合作者和繼承人，是美國當代人本主義心理學的代言人，也是美國人本主義心理學院創建者之一。

第一節　你為什麼要下意識的偽裝

施奈德教授問：「你偽裝過自己嗎？」

面對這個問題，幾乎全班同學沒有人會理直氣壯地站起來說：「我沒有。」

施奈德教授笑著說：「各位先別急著反駁，在我們的日常生活中，每個人多會因為利益或者感情上的緣由而掩蓋起自己的真實想法和情感。我把這種現象定義為人格面具。」（見圖 9-1）

人格面具？夏曉楠心想，這聽起來會讓人不由自主的聯想到演員臉上戴的滑稽面具和悲傷面具。

施奈德教授說道：「這個概念有一點類似於社

人格面具

圖 9-1　人格面具

第九章　施奈德講「錯覺」

會學上的『role play』，是指一個人為了滿足他人的期望而特意表現出來的行為。人格面具處於性格的最外層，它常常掩飾著真正的自我。每一種社會文化都是由多樣的角色組成的，比如，丈夫、妻子、學生、父親、母親、神父、警察。

對於不同的角色，大眾都會給予不同的認可與期望，比如我們心目中神父的形象就是正直、神聖、善良與包容。所以，當一個人的社會角色被定義為神父的時候，他不得不把自己心中的偏見收起來，一視同仁的接納所有來到教堂的人，哪怕這人曾是自己的殺父仇人。」

確實，夏曉楠心想，假設一個因偷情而深感愧疚的男人向神父禱告，而這個神父轉身就把那男人的話一五一十的告訴他的妻子，說：「我是神父，剛才你老公跑過來告訴我說他在萬華茶藝館……」儘管他的舉動是出於正義，但得到的也只會是人們的唾棄與咒罵。因為他打破了大眾心目中神父的形象。

施奈德教授說道：「人格面具甚至還包括人的穿著打扮。這樣的行為往往融入了一定的自我認同，同時也能真實的反映出我們的角色以及能力，這些對正常的社交有著很大的幫助。當警察穿上制服的時候，其實就等於『戴上』了一個正義與威嚴的面具。不過時間一長，人格面具會在我們的身上留下烙印，讓我們下意識地做一些不必要的偽裝。」

何超凡說道：「我身邊的朋友無論是分手失戀還是事業低潮都會在第一時間跑來找我傾訴，而我正好思緒敏捷，又是一個典型的樂觀主義者，總能為我哭泣的朋友提供最佳的解決方案，鼓舞他們的鬥志並且撫慰他們受傷的小心靈。不知不覺中，我就為自己戴上一個『心靈治療師』的面具，並且時刻保持一副堅忍不拔，萬事有我在的態度。」

第一節　你為什麼要下意識的偽裝

孫昱鵬說道：「可不是嘛，有一次，你被女朋友甩了，那時候你肯定心情憂鬱，精神恍惚，但當你身邊的好朋友過來問你怎麼了的時候，你的第一反應肯定是裝出一副無所謂的樣子，說我沒事啊！只是昨晚熬夜了有點沒精神。不是你死要面子，只是你已經習慣了在朋友中扮演一個樂天派的角色，所以你就下意識的把自己的情緒偽裝了起來。」

施奈德教授說道：「不錯，『男兒有淚不輕彈』說的就是這個道理。既然把自己定義為一個剛毅的男子或者灑脫的女子，自然就會選擇去獨自承受一些風雨，然後四十五度角仰望天空，讓眼淚倒流。

一個健康的自我是需要依據環境的不同扮演相對應的角色，這就是大多數人群偽裝自己的主要原因。當然，有些時候我們偽裝自己是為了掩蓋心中的『陰影』。所謂『陰影』，它是指一種低級的、動物性的種族遺傳，具有許多不道德的欲望和衝動。這裡的『陰影』與佛洛伊德提到過的『本我』十分相像，指的都是被人們掩蓋在心中的最原始的欲望。由於估計到自我的社會角色以及在眾人面前的形象，我們通常會把這類『陰影』壓制在內心深處，並且用人格面具把它嚴實的包裹起來。

舉個例子：好比你是美國總統拜登，今天下午要去參加聯合國的理事會探討人權問題。因為心情過於興奮，午餐吃了炸臭豆腐，飯後水果吃了榴槤，然後又啃了幾顆大蒜。下午開會的時候，輪到你發言了，正想說話，身體裡就突然冒出一個打嗝的欲望。剛張開嘴，卻又想到自己是堂堂美國總統，一國之首，如果在這麼重要的場合打出一個驚天動地的響嗝，那豈不是成了明早的報紙頭條，讓其他領導人笑掉大牙。況且，仔細回想，今天中午自己吃的這些東西味道也不好聞。最終他只好把這個欲望深深隱藏起來，裝成什麼事情也沒有的樣子。（見圖 9-2）

第九章　施奈德講「錯覺」

美劇《生活大爆炸》中的生物博士 Amy 曾經跟好友 Penny 提過動物習性，她說母猩猩看到有其他的同性接近自己的配偶時，會往牠們身上扔自己的排泄物來示威。幾天後，當 Penny 看到其他女孩勾引男友時，說道：『現在我的確想往她的身上丟大便。』

無論是打嗝，還是往別人身上丟大便，這些都是最原始的欲望，

圖 9-2　形象的自我維護

當人們還是猴子的時候就已經扎根在我們的體內了，不過陰影還包括一些不道德的欲望和衝動，這一類別的陰影就顯得尤為陰暗。」

施奈德教授接著說道：「再比如，一次公司的年終報告，你明明業績名列前茅，口碑在眾人面前也是首屈一指的，但年終大獎卻發給了你的競爭對手或者一個成績不如你，還很令人討厭的同事。此刻你一定是萬分不服氣，你去找主管理論也無濟於事。心中的怒火無處發洩導致你每次看到得獎的那個人，總是想絆他一腳，往他臉上吐口水，甚至把他老婆睡了來報復他。可是你優雅大度的形象是不允許你去做這樣不道德的事情的。因此，再見到那個人的時候，你也只會笑容滿面的說『恭喜恭喜』。

不管是上面提到的哪一種偽裝，都是為了滿足社會的需求或者掩蓋自身的情感。如果你碰巧發現了身邊某個人的偽裝，給予他們一些理解和一些空間，因為很有可能，這些偽裝背後有一些善意的原因，況且人格面具本身就是人類社會生活的一部分。所以，請大家隨時做到人艱不拆（人生太過艱

難，彼此就不要互相拆穿了）。」（見圖9-3）

第二節　讓你哭笑不得的錯覺

孫昱鵬一臉愁苦地說：「我最近不知道為什麼老遇過這類事。走在街上遠看某個人像自己的好友，走近了看卻不是；買房時看起來像是三十幾坪的房子，購房仲介卻告訴我只有二十幾坪；明明是一張靜態圖，但是怎麼看都感覺它好像是在動……」

施奈德教授笑著說：「你經歷這樣讓人哭笑不得的事情，這是錯覺在搗亂。」

「錯覺，是指在特定情況下對客觀事實產生的歪曲知覺。錯覺可以是視覺上的，時間上的，空間上的。在此，我們要先區分兩個易於混淆的概念：錯覺和幻覺。」

「錯覺和幻覺的區別在於錯覺的產生是建立在現有的事物之上，而幻覺是不需要外界刺激可以自行產生的。簡而言之，錯覺是一種錯誤的感知覺，而幻覺，則是一種虛幻的不存在的感知覺。」（見圖9-4）

如果你碰巧發現了身邊某些人的偽裝，給予他們一些理解和一些空間，因為很有可能，這些偽裝背後有一些善意的原因。

圖 9-3　給他人一些理解

錯覺，是指在特定情況下對客觀事實產生的歪曲知覺。錯覺可以是視覺上的、時間上的、空間上的等等。

圖 9-4　錯覺

第九章　施奈德講「錯覺」

　　夏曉楠想到小時候被問到過一道經典的數學題,「一斤棉花和一斤鐵,哪個重?」,大部分學生一定會第一時間驕傲地吼出來「鐵重!」,其實兩個是一樣重的;還有在公園划船的時候,我們常常會以為是河岸在動。

　　施奈德教授說道:「有一個很著名的錯覺圖,兩個大小完全相同的圓放置在一張圖上,其中一個圍繞較大的圓,另一個圍繞較小的圓,人們會覺得圍繞大圓的圓看起來會比圍繞小圓的圓還要小,這就是錯覺。但如果你看到了李白在街上喝酒,很明顯這屬於幻覺。錯覺是每個人都有的,幻覺多見於精神病患者。」

　　孫昱鵬急道:「那我們為什麼會產生錯覺呢?」

　　施奈德教授回答:「別急,且聽我逐個分析。首先,我們可能會因為心理因素而產生的錯覺,這種被稱作心因性錯覺。」

　　張棟興想到了曹雪芹的《紅樓夢》,裡面的賈寶玉和林黛玉兩個人總是吵架,關係時好時壞。黛玉的丫鬟紫鵑想試探一下寶玉待林妹妹究竟是不是真,便編造了一個「明春家裡來接姑娘」的謊言。寶玉聽了以後信以為真,趕緊跑出去詢問,在大觀園中還錯將湖中的石舫看成是來接林妹妹的船,於是大喊「把船開回去,把船開回去」。

　　這種行為很明顯有著一部分心理上的因素。一個人在熱戀的時候,只要和對方在一起便會覺得時間過得特別快,但是分開後就會覺得時間很慢,另一半兩分鐘沒給自己打電話都感覺好像過了兩個小時一樣。杯弓蛇影不也是如此嗎?

　　施奈德教授說道:「第二種叫做生理性錯覺,是指因為生理因素而產生的錯覺。」

曾經有過這樣的一個實驗：警察將一個一天未進食的犯人蒙上眼罩，揚言如果他再不招供便放乾他的血。然後在他的手上拉了一刀，就離開了。犯人被捆綁在椅子上，眼睛也被矇住，房間裡只能聽到血滴到地板上的聲音，滴答，滴答，漸漸地他感覺到身體虛弱，呼吸困難。

第二天一早，犯人果真死了，可問題在於，他手上的傷口早已經停止流血，聽到的那種聲音不過是天花板在漏水。手上的疼痛再加上滴水聲誤讓犯人以為自己會死去，最後由於精神因素，造成了他的真實死亡。在水滴聲的暗示和自我暗示下，心理矛盾變成了身體症狀，出現了生理性錯覺。那種虛弱感也不過是因為一天沒有進食而已，但他卻錯認為是失血過多的徵兆。

施奈德教授繼續說：「最後一種是病理性錯覺，這種錯覺通常會在我們因為生病而導致高熱譫妄、意識不清晰的時候出現。」

例如，病人可將正在打點滴的點滴管錯看成毒蛇；將床邊櫃上的花瓶錯看成骷髏，將吊燈錯看成可怕的巨蟒……病理性錯覺常帶有可怕的成分，所以患者情緒十分不穩定。當體溫降低，意識轉為清晰時，病理性錯覺也就不醫自癒了。（見圖9-5）

圖9-5　產生錯覺的人

夏曉楠說道：「生活中有些人會靈活地運用錯覺來達成自己想要的目的。一些商店會利用空間錯覺來降低經營成本。我曾經遇到過一家燈具商店，裡面五花八門的燈具連成一片，璀璨奪目，看了一圈才發現這個商店其實並不大，只是由於牆壁上鑲了幾面特別大的鏡子，乍看之下，整個店堂好像特別寬敞明亮，燈具也顯得增加了一倍，給人以目不暇接之感。這就是空間錯覺

第九章　施奈德講「錯覺」

在商業中的妙用。」

「是呀，在寸土寸金的高地產時代，如何巧妙地利用空間陳列商品已然成為一門學問，」施奈德教授贊同道，「如果借鑑以上做法，在商品的陳列中充分利用鏡子、燈光之類的手段，不僅能使商品看上去豐富多彩，而且還能大幅地減少經營成本。」

價格錯覺是消費市場上一個廣泛使用的手段。街上的很多商店門前都會掛著「房租到期大拍賣」或者「半價優惠」這類的促銷提示語，為的是讓消費者覺得自己家的東西實惠便宜。

在消費市場中兩個有趣的現象，第一個是 200 元的衣服和原本 500 元，打完折 300 元的衣服相比，人們普遍會去購買後者，因為從心理上錯以為自己省了許多錢。

第二個就是 99 元不到 100 元的價格，便宜；而 101 元是 100 多元的價格，貴。其實兩者只差 2 塊錢。（見圖 9-6）

作為消費者，總是希望用更少的錢買到更貴的東西，因此，充分利用價格錯覺給商品進行定價對於賣家來說是非常必要的。

圖 9-6　刻意營造的商業錯覺

施奈德教授繼續說：「去過日本的朋友應該都去過日本有名的三葉咖啡店。這家店的咖啡口感香濃絲滑，受到了廣大消費者的喜愛，但是不知道你們可曾注意到，三葉咖啡店清一色的紅色杯子從未變過。不是因為老闆偏愛紅色，而是他發現不同的顏色會使人產生不同的感覺。於是他邀請了三十多個人，將四杯濃度相同的咖啡分別裝在紅色、咖啡色、黃色和藍色的杯子裡

請眾人品嚐。所有人一致認為紅色杯子中的咖啡太濃了，而認為咖啡色杯子太濃的人約有三分之二，藍色則太淡，黃色正好。從此以後，三葉咖啡店一律使用紅色杯子盛咖啡，既節約了成本，又使顧客對咖啡質量和口味感到滿意。」

　　一位女同學說：錯覺也可以用來穿衣打扮。

　　施奈德教授說道：「足球明星梅西無疑是受到了全球廣大女球迷的喜歡。說實話，梅西的個子不像有的隊員那麼高大，但是阿根廷的豎條斑馬線隊服讓梅西的身材顯得又高又結實。有些女孩子為了美而拚命減肥，其實不用那麼麻煩，為了顯得自己身材苗條，可以試著買一些印著豎向線條的衣服。豎向的線條，容易把人的目光引向上下，使人的身材顯得纖細，而橫向的線條，把人的目光引向左右，讓人顯得更加豐滿。所以女孩子要學會利用錯覺買適合自己的衣服。」

第三節　那縱橫馳騁的聯想

　　施奈德教授問夏曉楠：「你身邊有沒有正處於熱戀中的女性朋友或好兄弟？如果有，那你一定能體會到那種感覺，就是無論你正在和他們聊什麼，話題總能被扯到他們的女朋友身上。」

　　夏曉楠還沒說話，孫昱鵬開了口：「沒錯！我跟我的一位女性朋友逛街買衣服，她會喋喋不休地跟你講她男朋友喜歡什麼樣的款式，她男朋友愛穿什麼牌子以及她和男朋友逛街時遇到了某某某；我拉著我的好兄弟去打遊戲，他會一直在我耳邊碎碎念，『哎呀，我女朋友不讓我打遊戲，萬一她知道了怎麼辦……』然後女朋友長女朋友短地說個不停。這對於單身的我無不是一種

第九章　施奈德講「錯覺」

折磨，我的內心在嘶吼 —— 為什麼他們總是聯想到他們的對象？」

施奈德教授笑著說：「就此，讓我們帶著對身邊情侶的羨慕嫉妒恨走進聯想的世界。」

聯想指的是由於一件事情想起與之有關的其他事情的思想活動。簡單地說，外部特徵或意義相似的事物之間可以同時反映在我們的腦中並且建立連繫，所以，只要一個事物出現，與之相關的另一個事物也會隨之出現。聯想與想像不同，想像是從一個事物憑空構想出一個不存在或者聞所未聞、見所未見的事物，而聯想出的另一個事物是真實存在或者之前就已經保存在記憶中的，兩者之間是有關聯或者類似的。

施奈德教授說道：「比如，我們可以從香蕉聯想到茄子，甚至聯想到猴子，但肯定不會想到香蕉俠，因為根本就沒有香蕉俠這種東西，這就是聯想與想像的差異。」（見圖 9-7）

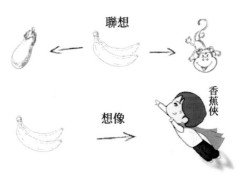

圖 9-7　聯想與想像

聯想這個概念最早是由亞里斯多德提出的，他斷言我們現在有的所有觀念的產生必伴隨另一種與之相近或相反的，或是在過去經驗中衍生出來的東西。17 世紀，聯想變成了心理學中最常用的術語。巴夫洛夫也用自己創立的條件反射理論解釋了聯想一詞。

夏曉楠說：「你看到賣冰淇淋的店家會條件反射地分泌唾液，儘管你並沒有吃到糖。」

施奈德教授點點頭：「不錯，詞語聯想測驗可以間接地透露患者的心理狀

況和特殊情節，這便是心理學投射最早的測驗方法。普遍來講，聯想規律分為四種：相似聯想，接近聯想，對比聯想和因果聯想。」

相似聯想是對一件事的回憶會引起與它性質或者形象上相近事物的回憶。比如，從蜘蛛人聯想到超人，從哈根達斯聯想到小布丁，它反映的是兩者之間的共性和相似性。寫作中就常常借助相似聯想來進行比喻和修飾，例如，我們常用松柏或者竹子形容堅忍不拔的性格。除此之外，兩個形狀相似的東西也可以在腦中建立連繫，像蒂瑪西亞和馬來西亞。

而接近聯想是指兩者在時間上或者空間上接近，從而形成連繫。我們提到劉關張就一定會說曹操和孫權，去南投旅遊無疑要到九族文化村附近的日月潭轉一圈，等等，因為這兩者之間的年代和地理位置十分接近。

第三種對比聯想，顧名思義，是從一個事物聯想到與它相反的事物。相信我們小時候都背過李漁的《笠翁對韻》，天對地，雨對風，大陸對長空，還有清暑殿，廣寒宮，塞雁對江龍。顯而易見，這裡面有很多都是對比聯想。

最後一種因果聯想就更不用多說了。早上出門看到地是溼的，自然而然就會聯想到昨晚下雨了，《神探狄仁杰》裡面狄公能料事如神就是憑藉因果聯想。很多廣告也經常借用因果聯想來告知消費者自己的商品可以滿足什麼樣的需求，例如青箭口香糖的一則廣告拍的就是一個中午吃了很多洋蔥、大蒜的男人依舊無所畏懼地跟同事聊天，原因就是他嚼了兩片青箭口香糖，無須擔心口氣問題。

施奈德教授說道：「了解了主要的四條聯想規律之後，讓我們把目光再放回詞語聯想測驗上面來。測驗非常簡單，醫生給你一個詞，說出你能聯想到的第一個事物是什麼，然後記錄反應用的時間，有的醫生還會使用儀器測試心跳變化、血壓，等等。接著，再根據你對不同詞語的反應時間，聯想到的

第九章　施奈德講「錯覺」

事物，甚至是口誤來推測你的心理狀況和一些特殊的情結。」

「當然，這些詞語並不是隨意給出的，是經過多次的試驗和反饋總結出來的，而且包含很多方面的內容，」施奈德教授強調，「這些詞彙好比一把尖刀，可以刺破我們的偽裝直接扎到心底。假如別人聽到水這個詞想到的都是河流、甘甜、清涼之類的詞，而你卻聯想到了死亡或者遲遲不肯說出心裡的答案，這就說明這個詞彙觸動了你的某根神經，可能你因為兒時溺水所以現在心裡有很嚴重的『水』情結。」（見圖 9-8）

詞語聯想測驗可以間接地透露患者的心理狀況和特殊的情節。

圖 9-8　詞彙聯想測驗

夏曉楠說道：「您說得對，曾經有一名 35 歲左右的中年男子接受了單字聯想測驗。這名男子對於『刀』『打架』『瓶子』之類的詞反應時間遠遠高出平均反應時間，很快就被推測出這名男子曾涉及一樁酒後傷人的糾紛。這名男子聽了分析後驚詫不已，最後和盤托出事情的前後經過。原來，他曾因為酒後與人發生爭執，一怒之下一刀刺傷了對方而被判刑一年，由於這名男子出生於德高望重的家庭中，這件事情成為他隱藏多年，不願提及的心裡陰影。不想，卻在單字聯想測驗中暴露了出來。」

施奈德教授說道：「現在科技水準的提高，導致很多人認為單字聯想測驗屬於我那個時期的產物，過於簡單，甚至已經過時，但是這種方法所代表的方法論，即刺激產生反應，再由反應推斷心理狀況，是具有潛在價值的。」

「不光如此，我們還可以從中了解到聯想對我們的意義和廣泛度，」施奈德教授笑著說，「不過，當你面對好朋友從所有的話題聯想到自己的男朋友

並且一直念叨他們之間的恩愛小故事的時候，很可惜，我對這一點並沒有研究，所以你們只能默默地忍受了。」

第十章
霍爾講「情緒」

　　本章透過三小節，詳細介紹了霍爾有關「情緒」的心理學內容，語言幽默風趣，適用於渴望了解情緒心理學的讀者。

斯坦利・霍爾

（Stanley Hall）

美國心理學家、教育家，美國第一位心理學哲學博士，美國心理學會的創建者。

霍爾早年曾經在萊比錫大學接受過馮特的實驗心理學訓練，回到美國之後，他在霍普金斯大學設立了心理學實驗室，著力研究發展心理學。

霍爾認為，實驗心理學所能研究的問題太狹隘。因此，他採取功能主義態度，強調發展心理學的重要性。

第一節　情緒心理學

孫昱鵬拿著手機吐槽：「能不能不要一天在微博和朋友圈裡發那麼多的狀態，為什麼吃個蘋果都要感慨一下？！一天哪來那麼多的情緒波動，心理活動可不可以不要那麼頻繁！」

很明顯，孫昱鵬是在吐槽網絡上整日無病呻吟，把微博朋友圈刷屏的那些人。不光是他，許多人也有過類似的經歷，有時候看看手機，上上網，卻發現裡面全是同一個人的動態，實在讓人受不了。

夏曉楠趕緊拉著孫昱鵬來到心理課堂，因為今天的心理學教授霍爾，對情緒可是大有研究的。

第十章　霍爾講「情緒」

霍爾教授說：「其實，情緒波動非常正常，它一直在我們的生活中扮演一個很重要的角色。它是激發心理活動和行為的主要元素，同時也是人際交流的重要手段。總之，一切行為都可以觸發我們的情緒變化，情緒變化也會反作用於將要發生的行動。」（見圖 10-1）

情緒波動是再正常不過的事情，不要為控制不住情緒而自責。

圖 10-1　人的情緒波動是正常的

除了微博、朋友圈裡面那些整日把自己的情緒表達在網絡上的人之外，心理學也一直抓著人們的情緒不放。因為它有助於心理學家了解我們的心理活動以及探索情緒與大腦之間的內在連繫。

心理學會把情緒定義為個體根據客觀事物是否滿足自身需要而產生的態度體驗。就像有人讚美我們時，我們會感到愉快，有人責備時，我們會感到不公，從而產生沮喪的情緒。但是，也有一些學派對情緒有著獨特的見解。

精神心理學派佛洛伊德教授認為，情緒是受無意識控制的，但又是我們可以意識到的事物。它是源於我們內心深處的心理能量的一種釋放。

霍爾教授解釋道：「比如，一個人坐公交的時候，不小心被人踩了一腳，可能他心裡挺不高興的卻沒有表露出來，過了一會兒，這個人又被踩了一腳，他還是笑了笑沒有發火，不幸的是，他再一次被人踩了一腳，他想都沒想直接罵了出來。剛才的經歷在他的內心積攢了不爽的情緒，最後的那一腳導致這些內心的情緒一瞬間釋放了出來。

「看過了精神學派的分析後，我們再來看看心理學是如何理解情緒的。心理學認為，情緒是一種遺傳反應的模式，它涉及一個人整個的生理活動，

特別是內臟和腺體。我們害怕的時候會加速腺體的分泌，一旦害怕的情緒產生，即使在冬天，我們也會汗流浹背。」

夏曉楠說道：「消極刺激可以引發焦慮或者恐懼，積極刺激可以引起歡快或者愉悅的情緒反應，而排除積極情緒又會引起焦慮或者恐懼。對嗎？」

霍爾教授點點頭，說道：「這幾句話的意思就是如果我們吃苦的東西，會產生消極的情緒，但如果讓我們把味道苦的東西從嘴裡吐出來或者吃甜的東西就會感到愉悅，再次把嘴裡的糖吐出來又會產生消極的情緒。」

我們都學過化學，根據元素週期表，我們知道每一種物質都是由不同的原子或者電子組成，像水分子就是由兩個氫原子和一個氧原子組成的化合物。

其實情緒也一樣，是由不同的元素相結合而構成的。這就要說到馮特教授的情緒三維理論了。他認為情緒是由愉快—不愉快，激動—平靜和緊張—鬆弛這三個維度構成的，就好比空間幾何裡面的 x 軸、y 軸和 z 軸。

我們生活中感受到的每一種情緒都是處在這三個維度中不同的位置。舉個例子，當我們歷經千辛萬苦終於爬到山頂，之後會感到愉悅，激動，身體舒暢，不像爬山時那麼緊張。所有的情緒都可以用馮特教授的三維理論進行剖析。

儘管馮特教授的三維理論是出自主觀上的自我描述，但相對其他的理論更加切合實際，也更容易被人接受。後來許多諸如此類的情緒維度量表，像施洛伯格的三維理論、伊扎德的思維說等都是在馮特教授的基礎上加以改造，衍生出來的。

既然說到情緒，我們來談談如何控制自己的情緒。

第十章　霍爾講「情緒」

　　有的人常常因為各種原因掩飾自己的情緒，把憤怒、憂傷都壓在心底，同時，有的人性格直爽，想到什麼就說什麼，對自己的情緒絲毫不加以控制。這兩種極端無疑對我們的身心成長都是有害的，前者可能會導致憂鬱症，而後者則會讓我們因為一些不必要的爭吵而失去很多知心朋友。

　　霍爾教授說：「我覺得，控制情緒不代表違背自己心願地一忍再忍，而是敢於直視自己的負面情緒，並學會利用它們。當有人嚴厲地指責我們的時候，與其撕破臉和他大吵一架，不如把他的指責看作是一種幫助，虛心接受，有則改之無則加勉。如果你無法看開，那也可以選擇換一種方式來發泄自己的消極情緒。假如，面對老闆的批評指責，你內心十分不爽，卻又因為害怕丟了工作而不敢罵回去的時候，不妨到健身房或者球場上痛快地玩上一兩個小時，等你滿頭大汗時，之前的那些消極情緒也就煙消雲散了。」

　　不管是哪一種方法都可以有效地控制好自己的情緒。每次在發火之前先思考一下，為這種事情發火值得不值得？難道自己就沒有做錯的地方嗎？一定要發火才能解決，就不能靜下心來好好地談談嗎？其實，這樣一想，你會發現生活中的很多事情都沒有必要爭吵。

　　霍爾教授說道：「或者，還可以像電視劇《武林外傳》裡面的郭芙蓉一樣，每當自己腦海中產生了揍人的想法時，就心中默念三遍『世界如此美妙，我卻如此暴躁，這樣不好』。如果你已經滿腔怒火，連思考的能力都沒有，不妨先一個人冷靜一下，睡一覺，第二天起來再解決。」
（見圖 10-2）

世界如此美妙，我卻如此暴躁，這樣不好

圖 10-2　自我控制情緒

總而言之，希望每個人都可以控制好自己的情緒，避免那些傷感情而且不必要的爭吵。既然退一步可以海闊天空，那麼看開一點又有何不好呢？

第二節　最大的悲哀是無助

霍爾教授仰頭長嘆：「有人說世界上最可怕的不是苦難，而是你已經習慣了苦難，不再試圖去反抗，去改變些什麼，只是靜靜地坐在那裡等待苦難來襲。我們都體會過無助的感覺，但你可曾想過，無助是可以被鍛鍊出來，養成習慣的。」

教授舉了個例子：美國心理學家賽里格曼以前就做過類似的實驗。他把狗關在一個籠子裡面，並在籠子內安裝了蜂音器，只要蜂音器一響，就往籠子內通電，籠內的狗無法逃避，只能忍受電擊帶來的劇痛。如此重複一段時間之後，在蜂音器響時打開籠子的鐵門。所

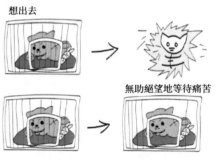

圖 10 3　無助的狗狗

有人都以為狗一定會發瘋一般地跑出籠子，可是不然。籠子裡的狗不但沒有逃，反而倒在地上流著口水呻吟，身體還一直抖個不停。（見圖 10-3）

霍爾教授把這種本來可以逃避卻無助絕望地等待痛苦的行為稱作習得性無助。習得性無助是指動物在經歷了某種學習後，在情感、思想和行為上表現出極其消極的心理狀態。不光是動物，習得性無助在人類的身上也會發生。

夏曉楠仔細一想，學校裡面確實有學生因為多次努力學習之後依舊分數

第十章　霍爾講「情緒」

不理想，最終放棄學習，變得懶散、怠慢、消極，不管大考小考都是糊弄過去。他們拖延作業，一遇到困難的數學題很快就放棄。很有可能他們成績不高只是因為學習方法上的錯誤，明明有機會改變自身情況，卻只是無助地接受。

霍爾教授說道：「在我提出這個概念很多年之後，依舊有人在繼續習得性無助的實驗。在美國費城的天普大學，菲立普和其他三位實驗人員訓練老鼠認識警示燈的作用。每當警示燈亮起，五秒鐘之內將會有電擊出現。在實驗箱的另一端是一個絕緣體的小房間，只要走到這個區域內就可以避免電擊。一旦老鼠明白了警示燈的含義就可以走到旁邊的安全區來保護自己不受電擊的威脅。在老鼠學會了這一點之後，實驗員又用一塊隔板把安全區擋住，這樣一來，老鼠就不得不忍受更加持久的電擊而且不能逃避。出乎意料的是，後來當隔板被拿走，老鼠還是無法學會逃避，只是呆呆地在原地等待電擊。」

霍爾教授指出：「如果一個人已經認定自己無法完成這件事，那麼無論面對多好的獎勵，他都是無動於衷的。不得不承認，世界上最大的悲哀的確是無助。消極、墮落都是無助的副產物，不過無助還有一個很有趣的附帶品，就是斯德哥爾摩症候群。」

1973 年 8 月的瑞典，首都斯德哥爾摩的一家銀行被兩名全副武裝手持槍械的劫匪搶劫，同時劫匪扣押了 4 名銀行人員作為人質與當地警方對峙了 6 天之久。6 天後，當警察已經做好了危急情況下擊殺劫匪來保證人質安全的準備時，4 名人質中的 3 名人質把劫匪圍了起來，保護他不會受到警方的危害。

事後，人質非但沒有提出控訴還出庭為劫匪做辯護，更有趣的是人質中

的一位女性愛上了其中一名劫匪，他倆人最後訂了婚。這等怪事讓人百思不得其解。

後來，為了解答人們心中的疑惑，心理學家開始著手研究這種現象並將其命名為斯德哥爾摩症候群。斯德哥爾摩症候群其實也是習得性無助的一種，它向我們證明了人是可以被馴養的。

假如，一個人被囚禁了起來，每天遭受非人的虐待和侮辱，但是一直不被殺死。時間一長，就算欺辱他的那個人良心發現，放他離去，他也不會真的離開，反而會對這個欺辱他的人心存感激，把他當成生命中最重要的人。（見圖 10-4）

斯德哥爾摩症候群其實也是習得性無助的一種，它向我們證明了人是可以被馴養的。

圖 10-4　斯德哥爾摩症候群

因為在囚禁期間的心靈和身體上的雙重痛苦外加與外界沒有絲毫的連繫，已經讓這個人變得極度無助，以至於之後他忘記了如何反抗，以為承受痛苦是他生活中無法逃避的一部分，而實施痛苦的那個人隨便的一點小恩小惠，都會讓他覺得彷彿是耶穌轉世，救命恩人一般。說到底，無助已經在他的心裡扎根發芽，讓他忘記了本來的自己。由此可見無助的可怕性。

霍爾教授說：「幸運的是，習得性無助是可以被矯正的。下面我就為各位講述一下。」

首先，無助成性的人需要先充分理解習得性無助的成分。讓他們意識到原來的自己根本不是這樣的，是由於受到了太多挫折而且自我意識不夠強大而導致的。沒有人生下來就是消極無助的，一定是受到了外界環境的打擊，

第十章　霍爾講「情緒」

比如父母、教授的指責，同學的嘲笑，才會變成這樣，或者是因為自身面對困難的勇氣、努力不夠。

　　然後要幫助他們發現自身問題，很多人在無助的狀態下依舊感到安逸正是因為他們完全沉浸於其中，不能發現自身的不足以及無助所帶來的壞處。

　　接著就要教給他們如何改變，駁斥這種安於現狀的想法，驅除內心深處的無助感。可以跟他們分享成功的喜悅以及成功的途徑，還要讓他們相信無論是什麼樣的困難都是可以被克服的。通常來講，一個內心無助、情緒消極的人周邊朋友也一定是類似的，所以，可以帶他們多接觸一些積極樂觀的人，讓這些朋友的正能量去影響、改變他的思想。

　　總之，習得性無助的主要矯正策略就是自我認知、自我談話、自我控制和自我評價。

　　雖然我不知道霍爾教授年輕的時候是有多憎惡狗這種生物，但是我們都從他的實驗中見證了無助這種負能量的危害。可能正在看這篇文章的你也經常感到無助，不過我覺得你想要過什麼樣的生活就會遇到什麼樣的困難，如果你遇到的是上等的困難，那麼就證明在困難的背後迎接你的是上等的生活，所以在面對困難的時候，無須感到無助，凡事都是有解的，只要自信、無畏地堅持下去，故事的結果一定是你想要的那種。

　　霍爾教授笑著說：「所以啊，就算生活真的那麼不如意，也要保持樂觀，耐心等待，解決方案就在眼前，如果連跑過去的能力都被抹殺得一乾二淨了，到頭來只能任人宰割。」

第三節　你的工作與你的情緒相符嗎

霍爾教授笑咪咪地說：「各位是否有過這樣的經歷：看著辦公桌上的圖紙、材料，左思右想可就是沒有一丁點的思路；會議中某位同僚的提案明明很有價值，卻在第一時間被否定了；夢想著做一名畫家，但是提筆時腦子總是空空的，沒有想法。這些情況的發生可能不是因為你的能力有問題，而是因為你的工作與你的情緒不符合。」

夏曉楠說：「您這樣說難免會有一點抽象。」

霍爾教授說：「是嗎？那讓我們先來探討一下情緒。我們都知道情緒分為兩種，積極情緒和消極情緒。但是你肯定不知道，像憤怒、恐懼、憂鬱這些消極情緒在面對巨大的挑戰時，提供給我們的幫助比積極情緒還要大。」

霍爾教授講述道：「恐懼是當我們感知到危險來臨時會做出的第一反應，憂鬱是失落的信號，而憤怒則是我們的資產被侵犯後的表現。無論消極情緒中的哪一種都是我們應對外界威脅的第一道防線，它使我們全副武裝，做好應戰的準備。」

這些威脅往往都是非贏即輸的。好比一場比賽，要麼你得分，要麼我得分。消極情緒在這種時候會造成主導作用，使我們的思維變得敏捷，更加專注認真。這場比賽的結果越出乎意料，比分相差越懸殊，消極情緒就越強烈。

簡而言之，是消極情緒幫我們取得成功，這時，不由得有人會問，那積極情緒去哪兒了呢？實話告訴你們，自信、滿足、幸福之類的積極情緒只有在成功之後，才會像戰利品一樣出現在我們的面前。

根據我們心中積極情緒和消極情緒所占比例的不同，我們的行為也會有

所區別。有的人是積極情緒主導，多小的事情都可以給他們帶來幸福感，而且會持續很長時間。

也有的人天生就是消極情緒占主要地位，即使獲得巨大的成功，他們也不會歡呼雀躍。大部分人都處於這兩個極端的中間。

霍爾教授說：「積極情緒和消極情緒對於同種工作有不同反應以及利弊。消極情緒可以拓展我們的思維，讓我們變得更有想像力和創造力。」

夏曉楠點點頭，一項有關醫生的實驗恰好證明了這一點。44 名醫生被隨機分到 3 個小組中，第一組的每個人都會得到一小包糖果，第二組任務是大聲朗讀人本主義對醫生的看法，第三組則是控制組。然後給所有醫生一個很難診斷的 B 肝症狀，讓他們說出自己的診斷步驟，結果是得到糖果的那一組的醫生回答得最快最準確。因為收到糖果的人普遍有著很好的心情，這種積極的情緒讓他們思維更加清晰。（見圖 10-5）

圖 10-5　一項有關醫生的實驗

霍爾教授說道：「除此之外，我對於積極的情緒還有另外一種『幸福但愚蠢』的看法。某學校的大學生被要求判斷自己能否控制一盞燈，這個燈有的時候可以被控制，只能在人按下開關的時候才會亮起，但是有的時候卻不能被控制，燈時亮時暗，無論被測試者是否按下開關。最後的結果出乎意料，

相對抑鬱的那些同學可以準確地判斷出自己是否可以控制燈，而那些不抑鬱的同學卻無法正確地進行評估，即使當自己沒有控制權的時候，也會覺得自己掌握著 35% 的控制權。」

夏曉楠恍然大悟，儘管有積極情緒的人更容易成功，但是有些時候他們會過度自信，他們的確記住了很多快樂的事件，甚至記住的比實際發生的還要多，同時忘記了那些不快樂的回憶。

如果有積極情緒的人獲得了成功，他們覺得這是自己能力的體驗，日後還會成功，相反，如果失敗了，他們會把失敗歸根於小失誤，或者運氣不好。那些持有消極情緒的人，可能生活中的幸福感不會那麼多，可是大部分都是正確的，會公正地評估正確和失敗，而不是偏向哪一方。

霍爾教授跟我們分享了他的朋友 —— 賽里格曼教授主持心理系系務會議的故事：數十年的經驗告訴他，當開會地點選擇了一個陰暗、沒有窗戶、沒有生氣的地方時，幾乎每個人的臉上都寫滿了不愉快，以一種批判、挑剔的眼光看待那些接受面試的人。這種情況下，受聘率幾乎為零，賽里格曼教授和他的同僚們拒絕了許多優秀的年輕學者，而這些人後來都成為了世界知名的心理學家。

由此我們可以看出，消極的情緒會引發一種挑剔的思維模式，而積極的情緒就不一樣，它會帶著一種尋找優點的眼光去待人接物，使思維變得更有創造性、包容性。所以，在生活中，我們需要選擇不同的情緒去面對不同的工作。

霍爾教授說道：「像研究生入學考試、計算個人所得稅、校對編輯、辯論比賽、決定上哪一所大學這類的事情更多的是需要我們的批判性思維，應該用消極情緒去面對。比如，在自己煩惱或者對某件事想不通的時候，一個人

第十章　霍爾講「情緒」

坐在長椅上，或者下雨天安靜地望向窗外，這些不安、悲傷的情緒不但不會造成妨礙，反而會幫助你思考，讓你的決策更敏銳。」

「而面對那些需要想像力、創造力的工作，比如，設計銷售方案、創意寫作、繪畫、即興音樂的創造，等等，積極情緒會為我們提供更大的幫助。聽一段輕鬆舒適的音樂，到風景秀麗的地方逛一逛，類似的行為都可以產生積極情緒。」

夏曉楠恍然大悟：由此可見，我們在開頭所講述的那些情況，很有可能是因為我們選錯了工作時的情緒。靜下心來，分析一下自己的工作具體需要一份什麼樣的心態，是更注重創造，還是更注重批判。在思考完之後，再根據工作情況去培養自己的情緒，如此一來，工作的效率自然會提高不少。

霍爾教授認真地說：「當然，無論是積極情緒還是消極情緒，只是造成一個催化劑的作用而已，在工作生活上，起主導作用的還是我們自己。」（見圖10-6）

情緒只是人生的催化劑，主導人生的依然是你的理智。

圖 10-6　人生由理智決定

第十一章

賽里格曼講「快樂」

　　本章透過三小節，詳細介紹了歸納與發散的心理學問題，透過閱讀本章內容，讀者就能明白，只有尋找到快樂的根源，才能真正快樂。在尋找過程中，心理學能力尤其重要。

馬丁・賽里格曼
（Martin Seligman）

美國心理學家。

賽里格曼畢業於普林斯頓大學，隨後進入賓夕法尼亞大學著名的所羅門實驗室從事心理學研究。

他主要從事習得性無助、憂鬱、樂觀主義、悲觀主義等方面的研究，十分重視心理問題的臨床診斷和心理學理論的臨床應用，是全美享譽盛名的心理學學者和臨床諮詢與治療專家，也是積極心理學創始人之一。

第一節　快樂來自哪裡

今早，張棟興提了個問題：「我不少朋友都在抱怨社會，不滿身邊的人和事，可是回想十幾年前，當我們還沒有 ipad、電影院、手機，沒有一個月七八千的薪資，人們的快樂比現在要多很多。那時候，不用為蝸居發愁，不會因金錢而惆悵。是不是時代進步之後，快樂變得越來越難得？」

夏曉楠想了一下，不知道應該如何回應他，於是說：「今天是賽里格曼教授的課，主要是講快樂的，我們還是聽聽賽里格曼教授怎麼說吧。」

賽里格曼教授：「快樂的科學首先面臨的問題就是什麼最能讓我們感到快樂，財富？學歷？青春？婚姻？」

在對人們的調查研究中發現，如果一個人不用為衣食住行而發愁，高額的收入並不能帶來多大的快樂。而良好的教育與高智商對快樂的增長也沒有

多大的幫助。放眼當下，很多研究生博士畢業之後，拿著文憑滿大街找不到一個理想的工作，而農村一些教育程度較低的人反倒不用為這些事情煩惱。

同樣，年輕也不能保證快樂。美國疾病管制局的一項調查告訴我們，20～40 歲的年輕人情緒低落的時間比 65 歲以上的老年人還要長。不過，綜合來看，擁有宗教信仰的確有帶來好心情的作用，不過我們很難確定這種快樂是來自於神靈還是宗教團體。

最後，人們發現親情友情和愛情能帶來快樂。賽里格曼對當地大學生的調查問卷顯示，最快樂與最不醜憂鬱的學生只占到 10%，他們最明顯的一個共同特徵就是都有親密無間的朋友和幸福和諧的家庭，並且他們還會花費一定的時間與他們相處。

賽里格曼教授說道：「在我寫的《真實的快樂》中提到過，快樂主要是由三個要素構成，即享樂、意義和參與。享樂是指一些能讓我們感到開心的事，比如讀微博上的笑話，看搞笑的美劇電影，去 KTV、撞球廳、夜店之類的。意義就是人們透過發揮個人特長，努力工作後達到我們想要的結果，實現目標時感受到的快樂。而參與是對家庭、工作、愛情與嗜好的深度投入所帶來的快樂。」（見圖 11-1）

努力工作很快樂

圖 11-1　工作也可以帶來快樂

夏曉楠對比了這三項要素，發現享樂給人們帶來的快樂時間最短，而且很有可能還會導致一些不好的情緒。很多青年人都去過夜店或者迪廳，在燈光、香菸和酒精的刺激下，我們會暫時忘記煩惱，甚至運氣好的時候還能遇到幾個漂亮的美女。可是第二天起床，等待我們的是酒精帶來的頭痛，拖著

疲憊的身子去上班。還可能會因為自己喝醉之後所幹的一些違背良心道德的舉動而感到愧疚。而且這種享樂大部分都是伴隨著高額的消費。

賽里格曼教授說道：「努力工作也能帶來快樂。仔細想一想，從小到大，我們會因為作業得了優、考試拿滿分、領導發獎金等事情歡呼雀躍。付出辛勞的汗水，然後收穫，這種快樂相比於單純的享樂更加有意義，更能讓我們生活充實，對未來充滿希望。不過，快樂是需要分享的。」

夏曉楠想到了電視劇《北京愛情故事》，裡面的石小猛為了不用再在北京這個大城市裡面苟延殘喘，為了讓別人看得起他，用自己的女朋友沈冰做籌碼換來了金錢地位，後來還出賣了自己的好朋友瘋子來讓自己手上的權力擴大。可最後，他一個人坐在偌大的房間裡面，孤獨地抽著煙，無比懷念以前和兄弟們喝酒的日子。沒有了家人、朋友，就算他再有成就也是孤獨的，因為無人分享。

由此可見，若想獲得長久的快樂，我們需要培養社交技巧，建立親密的人際關係。

孫昱鵬舉了個例子：在相親節目《非誠勿擾》中有一個女孩說過，「我寧可坐在寶馬車後座哭泣也不願意坐在單車上歡笑」。難道，金錢真的能給我們帶來快樂嗎？如今社會中有很多年輕貌美的女孩大學剛畢業就被人包養，和一個年齡比自己大幾十歲的人結婚。為了錢而出賣自己的感情和身體，在無數個被驚醒的夜晚，她們會不會感到孤獨？看著家裡各種名包，她們真的快樂嗎？

電影《當北京遇上西雅圖》中，湯唯扮演的女主角就是如此。男朋友有了工作沒日沒夜地操勞，就連她生孩子的時候也不在身邊陪伴著。「我開心他給我買個包，不開心也給我買個包，情人節一個包，聖誕節一個包，我給

　　他生孩子也是一個包，我就是個包。」這是湯唯在電影裡面說的話，由此可見，這樣的金錢生活她並不開心。

　　賽里格曼教授說道：「其實，就算我們不能花十幾萬給女朋友買名牌包、香水，只是手拉手和自己的心上人一起逛公園遛彎也能收穫不菲的快樂。不管面臨著金錢還是房子的困難，都可以攜手並肩一起面對。或者，和家人朋友坐在一起聊聊天，甚至拌嘴吵架都會比一個人孤單地過活要快樂得多。不光朋友家人能給我們帶來快樂，單純地做自己喜歡的事也能收穫莫大的快樂。」

　　張棟興也說：「有一則這樣的寓言故事。曾經有一群年輕人四處尋找快樂，卻毫無頭緒，只好去請教蘇格拉底教授『快樂來自哪裡』，蘇格拉底說，『你們先幫我造條船吧』。為了得到答案，這群年輕人不得不暫時把尋找快樂的事放到一邊，開始造船。經過兩個多月的努力，他們終於造出一條小船，他們把小船推下水，請蘇格拉底上船，一邊合力蕩槳，一邊放聲高歌。這時，蘇格拉底問他們『你們快樂嗎？』他們齊聲回答『快樂極了』。」

　　賽里格曼教授說道：「是呀，享受、意義和參與，無論是這裡面的哪一種方式，都可以給我們帶來快樂的感覺。其實快樂，也可以說成兩個東西，一個是需求；另一個是認可，我說的享受，也可以理解為在滿足需求的同時去獲得認可。在餓的時候吃飽了就開心，如果僅僅是這樣，那人們為什麼還要追求吃好吃貴，其實無非就是為了一種認可，讓大家覺得你吃得好，或者自己認可自己吃

快樂來自於需求被滿足和行為被認可。

圖 11-2　快樂的深層次來源

得好，這就變成了享受。」（見圖11-2）

「而有意義的事，無非就是在廣大朋友圈子的三觀對自己影響下自己覺得自己完成後可以獲得他人認可的事，自己相信他人會認可你，於是你就自己認可了自己。很多人都強調成功與否其實在自己，自己認可自己成功，你就會享受到成功的喜悅，而有時即便大多數人都覺得你成功了，但你的圈子裡卻有大把人做得比你好，你也會覺得沒有體會到那份喜悅。」

夏曉楠說：「郭德綱說過，人往下看，你會活得很快樂。參與的快樂，同樣很大一部分來自認同感，一起為某個目標而努力，互相鼓勵，最終成功完成後對每一個參與者做出的貢獻，自己首先給予其他人認可，並在潛意識裡反推認為別人同樣給予自己在團隊裡價值的認可，不論其他人是否真的都這樣想，這都會讓人快樂。但即便知道了快樂是什麼，快樂依舊很難追逐，你若以快樂為目的刻意去追求反而會被其他的因素所困擾。」

賽里格曼教授說道：「是啊，快樂從不獨自而來，常常結伴而行，就像我們身後的影子一樣，只要你朝著有光的地方走，快樂就會緊緊地跟在我們的後面，寸步不離。」

第二節　八個創造快樂的招數

賽里格曼教授說道：「你是否還在為身邊的瑣事悶悶不樂？可曾一心想要追逐快樂卻屢受打擊？或者特別羨慕身邊那些整天有說有笑，好像從未被煩惱纏身的朋友？你快樂嗎？想知道如何抓住快樂的小尾巴嗎？」

孫昱鵬悄悄說：「積極心理學的創始人賽里格曼教授的快樂小課堂開課了！八步，輕鬆收穫快樂，從此笑口常開，無憂無慮，長命百歲！」

第十一章　賽里格曼講「快樂」

夏曉楠被孫昱鵬逗笑了。

賽里格曼教授接著說：「好吧，我的快樂招數是否真的能讓人長命百歲我們無從了解，不過有一句俗語叫做笑一笑，十年少。由此可見，保持快樂對人的身心健康還是有一定益處的。

快樂不但可以尋找，還可以被創造出來！

圖 11-3　快樂是可以被創造出來的

我們都知道快樂是一個十分抽象的概念，它總是作為某種行為的贈品來到我們身邊，掛著非賣品的標籤，卻是我們最想要的東西，就像小時候泡泡糖裡的貼畫，乾脆面裡的《水滸》人物卡，雖然往往不一定是我們想要的。快樂是一種無法苛求的存在，我們常說有心栽花花不開，無心插柳柳成蔭，雖然如此，但是快樂的創造的的確確是有法可循的。」（見圖11-3）

賽里格曼教授給學生們介紹了快樂創造法：

第一招 —— 心存感激

在一家酒吧裡面，一個男的獨自喝著悶酒，臉上寫滿了不悅。這時，一個老人走了過來，詢問他為什麼不開心。男人說，「我失業了，現在交不起房租，女朋友也罵我沒用，吵著鬧著要和我分手。我覺得我被上帝拋棄了。」他嘆了一口氣，「如果能從天而降一千萬該多好啊！」

老人說「我老了，眼睛花了，可是我還想再看看這個世界。小夥子，我出兩百萬買你的眼睛你願意嗎？」男人連忙說「不行不行，如果我把眼睛給了你，我怎麼看書，怎麼看風景，怎麼看我心愛的女人和未來的孩子？」

老人又說，「那我出四百萬買你強壯的雙手可以嗎？」

「那怎麼行，我最喜歡打籃球，如果沒有雙手，我連籃球都不能碰了，你還不如殺了我呢。」男人說道。

老人又問「那我花四百萬買你的兩條腿可以嗎？」男人大怒，「當然不可以，我還想帶著我的妻子環遊世界，還想以後陪我的孩子奔跑玩耍。我警告你，我身上的所有都是我父母給予我最好的禮物，你不要妄想用金錢買走他們。」

老人笑了，「小夥子，我出兩百萬買你的雙眼，你不賣；我出四百萬買你的雙手你也不賣；我出四百萬買你的雙腿你依舊不賣。這些東西加起來，你已經有了一千萬啊。」

回想一下我們身邊，很多人都是如此，經常抱怨，對這個不滿，對那個也不滿，總認為身邊的事情不夠好，就算領導發獎金了也會報怨發得太少。上班煩，回家也煩，無論誰幹什麼總能挑出點刺來，一天到晚愁眉不展。他們不快樂是因為他們沒有一顆感恩的心。我們沒有殘疾，不是孤兒，又有什麼理由去抱怨這個世界呢？

感謝春天，讓我們看到花的嬌豔；感謝夏天，讓我們感受烈陽光的熱情；感謝秋天，讓我們懂得落葉的奉獻；感謝冬天，讓我們體會冰雪的潔淨。

第二招 —— 時時行善

這裡說的行善不是讓你忍痛割愛，給希望小學捐個幾百萬，而是指生活上的一些小事。比如排隊時，可以讓趕時間的人排在你前面，坐公車主動讓個座。贈人玫瑰，手有餘香。這樣的行為會讓你心情舒暢，還能贏得別人的笑臉、讚許甚至仁慈的回饋。這些事情都會讓人感覺到快樂。

第十一章　賽里格曼講「快樂」

第三招 —— 品嚐樂趣

　　生活中美好的事物有很多，只是我們常常忙於奔走而忘記留意身邊的風景。電影《畫皮》裡面的狐妖法力高強，容顏不老，但卻一心想要成人。原因很簡單，她感受不到陽光，聞不到花香，沒有幸福與疼痛的感覺。在狐妖變成人後，她說的第一句話就是「梔子花好香」。其實我們也該如此，停下腳步去感受春風的輕拂，看旭日東昇，驚濤拍岸，冰雪消融。美麗的景色可以驅除心中的不愉快，讓我們的心情也變得美麗。有的心理學家還建議，可以把這些快樂的時光如相片一樣存在我們的腦海中，在不開心的時候回憶。

第四招 —— 感戴良師

　　如果有人在你的迷途上為你點亮一盞燈，你一定要向他致謝。這樣的恩惠你要是都能覺得理所當然，那還有什麼事情可以打動你呢？你越是感激身邊那些幫助你的人，你越會覺得自己是上天的寵兒，自然而然，你的心情也會改變很多。同樣一件事，別人幫助了你，你可能覺得這是理所應當的事情，一點也不放在心上；相反，你也可能會想，這又不是他的本分，他幫助我，是我的幸運，這樣一來，你這一天都是陽光明媚的。

第五招 —— 學習寬恕

　　對那些曾經傷害過你的人，約他們出來喝杯茶、打打球以表示寬恕。地鐵上有人不小心撞了你一下或者踩了你的鞋，不要發怒，留下一個漂亮的微笑給他們。這樣的舉動不是沒心沒肺，而是幫自己清掃心靈。心的位置是有限的，假如你不能放下怨恨與不滿，那麼你的心中滿滿都是這些令人不悅的事情，一旦你寬恕了他們，你的心中會有更大的位置留給那些你愛的和愛你

的人們，以及那些美好的小細節。寬恕別人，就等於幫自己減壓。

第六招 —— 愛家愛友

其實人們對生活的滿意度和金錢、地位、健康之間的關係並不是很大，更多的是受你的人際關係的影響的。就算你身無分文，你依舊可以擁有一群願意把辛苦找來的麵包分你一半的貼心好哥們，哪怕你沒有地位，你還有著一群和你說笑打鬧的合作夥伴，如果你大限將至，身邊坐著愛你的父母，疼你的妻兒，你此生又有什麼遺憾呢？所以，多花點時間去陪陪家人、朋友，你不需要給他們帶多貴重的禮物，幾十塊錢的水果點心就足以表達你的心意了。

第七招 —— 運動鍛鍊

工作之餘，不妨到健身房鍛鍊一下身體，體會一下大汗淋漓的感覺。上學的時候，每年都會有運動會的比賽，你拖著沉重的步子，拚命衝到八百米終點線的那一刻，你的心裡只有一個字 —— 爽！無論是打球、跑步還是其他的什麼運動，我們看重的並不是輸贏，更多的是享受這個過程。生物研究表明，在人身體運動時，由於激素的分泌加快，人很容易感到興奮、快樂。與其窩在家裡等著身上發霉，還不如出門跑一跑，跳一跳。

第八招 —— 逆境自持

人生難免不順，我們可以為解決問題的辦法而困擾，但千萬不能被困難擊倒。美國著名大學西點軍校的校規極其嚴格，很多人由於受不了學校的制度在第一年就轉學了，西點大學被譽為全美畢業率最低的大學。但是，裡面

出來的人如野草一般，堅忍不拔，春風吹又生。有人好奇這樣的優良品質是如何培養出來的，答案是一句話「合理的要求是訓練，不合理的要求是磨練」。就憑藉著這一句話，西點軍校的學生從未抱怨、苦惱，無論前方等待他們的是怎樣兇殘的野獸，他們都毫無畏懼。如果我們每個人都擁有這樣的品質，那我們都可以笑對困難，逆流而上。

圖 11-4　快樂八招

賽里格曼教授說道：「這就是我的快樂八步法，與君共勉。」（見圖11-4）

夏曉楠想到了《聖經》裡面的一句話「喜樂的心乃是良藥，憂傷的靈使骨枯乾。」美國卡內基梅隆大學的心理教授謝爾登博士調查過，憂鬱的心情和長期的壓力會使身體裡的免疫細胞敏感度下降，從而增加患感冒的機率。

賽里格曼教授說道：「壓力會使油脂分泌增加，毛孔堵塞，導致青春痘的產生。同時，糟糕的心情還會使女性患乳腺癌的機率翻倍，但是放鬆不僅可以延遲疾病的惡化，而且能加快康復的進程。由此可見，保持一顆歡樂的心的確是對身體有好處的，所以有事沒事多笑笑。」

第三節　婚姻從來都不是墳墓

賽里格曼教授說：「很多人都以為婚姻是愛情的墳墓，可我從來都不這麼認為。婚姻是世界上能讓人感覺最幸福最開心的事情。我舉過一個這樣的例

子，假設你是一個銀行家，某位有著良好的信譽、絕佳的抵押品和光明前途的企業家找你貸款，不用想，你一定會毫不猶豫地借給他。相反，如果申請貸款的是一個年事已高，前途黯淡並且曾因無力償還貸款而被銀行沒收抵押品的低薪階層，你肯定會拒絕。」

夏曉楠點點頭，這種行為倒是可以理解。但話說回來，誰沒有落魄無助的時候。我們之所以可以度過一個個人生的低谷，就是因為有那些不計較得失，不在乎我們的身價、地位、容貌，一直愛我們的人在身邊陪伴著我們。是愛在一邊嘲笑著那些自私的理論。世界上沒有什麼比那句「從今天開始，不論好壞、貧富、生病與健康，我都會愛你，珍惜你，直到死亡把我們分開」更動聽，更美好。

賽里格曼教授說：「除了婚姻中愛的偉大之外，快樂都來自於我們自身的行為和心理狀況，而婚姻是唯一一個能讓我們感到快樂、幸福的外界因素。」（見圖 11-5）

圖 11-5　婚姻會給人極大的滿足

孫昱鵬說：「沒錯，當被問起上一件傷心事是什麼，幾乎每個人的答案都是失戀。由此可見，感情的好壞對我們情緒有著相當大的影響。」

張棟興說：「我看過這樣一條新聞，在 17 個接受調查的民族和國家中，40% 的已婚人士感到非常幸福、快樂，而只有 23% 的未婚人士會有這樣的感受。此外，相比於那些未婚人士，已婚的人更容易忍受貧窮、戰爭和經濟大蕭條這些不幸的打擊。就連憂鬱症的患病率在已婚者中也相當的低。上述的所有情況都表明，婚姻帶來的幸福感遠遠超過工作、物質和社交。」

第十一章　賽里格曼講「快樂」

「那麼，為什麼婚姻可以給我們帶來這麼大的滿足呢？」賽里格曼教授分析，「愛分為三種。第一種是那些可以給我們鼓勵、支持、幫助，為我們在成長道路上點起一盞明燈的愛，像學生對教授，子女對父母，朋友之間的羈絆就是如此。第二種愛指我們會愛那些依賴我們的人，比如，父母對子女的愛，教授對學生的關愛，等等。而第三種愛是浪漫的愛，我們會放大對方身上的優點，忽略缺點和不足。婚姻讓我們同時收穫了這三種不同的愛。這也就是為什麼在世界這個大熔爐中，無論是什麼的民族、文明都有著結婚的習俗。」

不同於很多社會學家認為婚姻是社會發展的產物，賽里格曼教授相信婚姻是人類進化的結果。伴娘伴郎，儀式或者蜜月可能是由社會構建的，但婚姻的意義則深遠得多。繁衍後代是所有物種進化中的一個關鍵因素，人類不像昆蟲之類的生物，剛出生就能生活自理。小嬰兒需要依賴父母的照顧、保護和教育才能長大。所以只有那些傾向於做出長期承諾和保證的人才能把自己的基因遺傳下來。因此，婚姻是人類進化的產物，而不是文化發展的結果。

夏曉楠想到，近幾年有關婚姻愛情的電影層出不窮，這一點間接地反映出了大眾對於完美婚姻的渴求。有關婚姻愛情的書籍大多數都在講述如何縫補自己破爛不堪的感情，得過且過，或者如何察覺自己的愛人是否出軌，是否忠誠，出軌之後如何處理之類的話題。而在賽里格曼教授的書中，則講述了如何把一段穩定的感情經營得更好。

賽里格曼教授說：「兩個人之所以相愛，是因為他們看到了彼此的優點，並且被這些優點深深地吸引。不過，愛是有保固期的，不管熱戀時是怎樣的火熱，它終會有冷淡的一天。隨著時間的流逝，那些最初把我們迷得無可救

藥的優點變成了習慣，在彼此的眼裡變得理所當然。甚至，在一些感情中，原來傾慕的人格品質也變成了蔑視的目標。」

成熟穩重變成了不解風情，剛毅正直變成了頑固不化，多愁傷感則成了矯柔造作。

對此，我們不妨花一點時間，列出一個單子，把對方的優點寫出來，越多越好，同時也想一想自己的缺點。寫完之後，你會意識到，原來自己選擇了一個這麼出色的人來相依攜手，共度餘生。

除此之外，可以試著在生活中展露出優點，再一次捕獲對方的心，讓 TA 看到你的閃光點。上班前給對方一個擁抱或者一個甜蜜的吻，週末時一起手拉手出去遛彎，看看風景，這些小細節都會讓對方感到幸福和滿足，在長期的婚姻生活中可以產生黏合劑的作用。

賽里格曼教授繼續說道：「提供給我們的第二個建議，就是保持一顆樂觀的心。萬事都有兩面性，如果你一直頂著不好的那一面，你的婚姻生活一定充滿煩惱，但如果你關注的是積極的那一面，你會感覺到自己的整個心都在笑。」

有一位丈夫每天晚上都加班到很晚，就連週末也很少陪家人，他的妻子卻覺得，丈夫加班是為了讓家人的生活質量更上一層樓，從而特別關心照顧她的丈夫，每天都做好飯等他回家。相反，如果一段婚姻中的雙方都十分悲觀，任何一個小細節都有可能讓兩個人的關係江河日下，一敗塗地。還是剛才的那對夫婦，如果妻子不但不理解她的丈夫還埋怨他把工作看得比自己重，每天出去和朋友訴苦，男人回家也見不到她的身影，男人的心裡定會不好受，覺得女人不愛自己。這樣一來，很容易就會婚姻破裂。

第十一章　賽里格曼講「快樂」

　　賽里格曼教授繼續說道：「另外，婚姻中的雙方還要學會傾聽。其實，每個人和陌生人或者不熟悉的人交談時都會聽得非常認真。可是，在婚姻中，因為夫妻之間已經相當熟悉了，那些禮節也自然會省掉不少，交流中很容易忽略對方的感受，不等對方說完，便一股氣地把自己的想法說出來。如此一來，往往引發激烈的爭吵，雙方的感情都會受到傷害。

　　正確的做法是，先聽對方說完，再發表自己的看法。而且，當你的愛人找你談話時，你心裡在想著別的事或者情緒不穩定，一定要告訴對方「對不起，我有點煩，可不可以一個小時後再談？」否則，不好的情緒會讓你在交流中變得暴躁，無論對方說什麼你也只會覺得他的想法很愚蠢。如果連最基本的傾聽都做不到，又如何交流，如何白頭偕老？

　　「希望我的意見能對那些已婚人士有所幫助。現在，離婚率越來越高，導致很多人懼怕婚姻，甚至把婚姻比喻成愛情的墳墓，但有一句話說得很對，就算婚姻是愛情的墳墓，那也比死無葬身之地要好。」（見圖 11-6）

圖 11-6　愛情並不是墳墓

第三節　婚姻從來都不是墳墓

第十二章

馮特講「恐懼」

　　本章透過三小節，詳細介紹了心理學中的內省法，介紹了宗教的情感來源。馮特提出了宗教的情感來源是恐懼。這種說法也得到廣大心理學家的贊同。作者透過大量佐證及配圖，幫助讀者理解馮特的心理學觀點，同時提高讀者的心理學能力。本章適用於心理學能力較強，渴望了解恐懼的讀者。

威廉·馮特
(Wilhelm Wundt)

德國生理學家、心理學家、哲學家，被公認為實驗心理學之父。

1879 年，馮特在萊比錫大學創立世界上第一個專門研究心理學的實驗室，被認為是心理學成為一門獨立學科的標誌。不僅如此，馮特還是一位著名的教育家，在其後的數十年裡，世界各國心理學界都能看到繼承馮特衣鉢的心理學家們活躍的身影。

第一節　內省實驗法

孫昱鵬對夏曉楠吐槽：「我想約個小姑娘看電影，小姑娘非要看恐怖片，結果把我嚇夠嗆。」

張棟興：「那你可以去聽聽馮特教授的課，正好今天有講。」

夏曉楠知道，馮特教授是生活在 1800 後半葉到 1900 上半葉之間的那個時代，100 多年的時光導致他的很多心理學理論都被人遺忘，而沉澱下來的是他為後人提供的方法和基礎，比如艾賓浩斯的心理學研究很大程度上都受到了馮特的影響。不得不承認，馮特教授是心理學發展中一個至關重要的轉折點。

在馮特教授出現之前，心理學一直都像是一個找不到家的孩子，一會跑去敲一敲生物學的門，一會又跑到哲學那裡去蹓躂一圈，甚至就連很多心理學實驗都是在生物實驗室完成的。馮特教授覺得心理學不應該只是片面地研究人們的生理反應或者是思想內容，而應當是將兩者有機地結合起來。

第十二章　馮特講「恐懼」

　　因此他在之前心理學的基礎上將內省實驗法引入了心理學，主張研究人的直接經驗。舉個例子，當一個人感到憤怒的時候，生物學會分析這個人憤怒時身體各種指標的反應，哲學則會偏向於關注感覺和知覺，馮特教授卻認為應當分析憤怒這種情緒產生的心理活動，也就是感覺到了什麼，知覺到了什麼。可是心理活動是內在的，肉眼無法觀測到的，於是馮特教授創立了內省實驗法。（見圖12-1）

在憤怒平息之後，你要試著去自我反省，這不是人生的哲學，而是心理學！

圖 12-1　反省自我

　　馮特教授介紹道：「所謂內省實驗法，就是『自我觀察』，說得簡單一點，就是讓一個人一天什麼也不干就只分析自己今天想了些什麼。不過只有那些經過嚴格訓練的人，才能充當被試者。被試者需要描述出由刺激引起的意識形態而並非刺激本身是什麼樣的。而這種意識形態包括強度、延伸性、持續性和清晰性。透過反覆試驗，讓被試者對於自己意識形態的描述越來越清晰和準確。然後才能得出結論。」

　　為此，馮特教授還為內省實驗法制定了四條基本規則，即要讓被試人知道自我觀察具體的開始時間，以便讓他做好充分的心理準備，在自我觀察實驗開始之後，被試者必須集中注意力在自己內部的心理活動上面，避免各種無關刺激的影響。而且，還需要嚴格控制實驗條件，經常變換刺激條件，讓被試者可以把刺激和自己的心理過程分離開。

　　內省實驗法的另外一個任務就是找出「心理元素」。

　　馮特教授說：「一切心理現象都是由心理元素構成的，就像複雜的原子核

是由電子構成的一樣。在他看來，我們感受的那些複雜的心理都是由許多個單一的心理元素結合而成的。

「經過研究，我發現，最基本的心理元素有兩個，感覺和情感，一個是客觀的，像脈搏、心跳等生理數據，一個是主觀的，是指我們主觀上有的情感，比如，開心、失落、沮喪，等等。不久之後，我又提出了情感三維說，即人的每一種情感是由愉快—不愉快，緊張—鬆弛和激動—平靜這三個獨立的維度組成的。可惜的是這種理論後來因為數據不足而無法得到肯定，但是我的情感三維說卻為日後情緒心理學打下了基礎。」

夏曉楠點點頭，馮特教授利用內省實驗法分別進行了四方面的研究工作，即有關視覺和聽覺的研究，反應時的研究，心理物理學實驗的研究以及聯想實驗。

不得不承認，這些理論對心理學研究方法的發展具有很大的貢獻意義，其中馮特教授透過內省實驗法收集的實驗材料對於心理學日後的發展也有積極的推動作用。同時，他也將心理學成功地從哲學和生理學中分離了出來。

儘管如此，後人發現內省法是有侷限性的。這種侷限性主要體現在處理看待主觀和客觀的關係上。在馮特教授的實驗法中，客觀的外界條件不過被看作是引起被測者主觀心理的一種刺激罷了，並忽略了這種刺激對個體的意義以及影響。這樣的做法明顯是不足的。像有的人對於某種事物會有特殊的執念，可能他會因為小時候溺水的經歷而導致他對水會產生過激反應，但是有的人對「水」的反應就不會那麼激烈，也許還會出現喜愛之類的情感。這些因素會擾亂最終的判斷結果。（見圖 12-2）

第十二章　馮特講「恐懼」

圖 12-2　過激反應

馮特教授說道：「內省實驗法，要求被試人自己對自己的心理活動進行闡述。可是無法排除有些被試者對自己真實的情況有所隱瞞。」

這種企圖用主觀印象去說明主觀印象，以自身心理來說明心理的做法就好比用「我今天很開心」去解釋「我今天為什麼開心」一樣。

馮特教授說道：「儘管後來我的內省實驗法有被改進，但一部分缺陷仍在。例如，被試者的直接經驗經常被歪曲，甚至有的被試者由於自身知識的侷限性而不能察覺自己的直接經驗，或者不能準確表達自己當時的體驗，產生錯誤的判斷，就連被試者當時的心情好壞都會影響判斷的結果。」

這些情況在內省實驗法中經常遇到，因此有人建議，在內省實驗中，要盡量避免被試者的主觀猜測，積極引導被試者進行客觀的報告，在實驗前讓被試者了解實驗目的，明確實驗步驟。與此同時，研究者還應當保證實驗對被試者的人格無傷害。

夏曉楠表示贊同。雖然，馮特教授的內省實驗法有著很多的缺陷和不足，但是我們必須認可他對心理學發展的巨大貢獻。是他，讓心理學徹底成為一門獨立的學科，還培養出了一大批優秀的心理學家，為心理學在世界上的發展奠定了基礎。

除此之外，馮特教授在民族心理學方面的研究是心理學與文化管理的第

一次系統性的研究。他不僅開創了一個新的心理學領域，而且為心理學的發展提供了一種全新的方法。馮特教授的功勞是我們不能忽略的，因此他才能被後人評價為「實驗心理學之父」。

第二節　不同的思維模式

馮特教授看氣氛有些低沉，於是講了個笑話：「為什麼一隻蝸牛穿著一件紅色的大衣？因為他弄丟了他藍色的那件。」

大家都沒有笑，覺得很冷。

馮特教授繼續說：「我知道很多人聽到這個笑話後的第一反應一定是，這也叫笑話？哪裡好笑了？不過，這的的確確是一個笑話，而且是一個非常好笑的笑話。我們覺得不好笑是因為這是一個美式笑話。由於中美兩國地域不同，導致兩地居民之間的笑點也不一樣。不光是笑點，生活方式、

圖 12-3　文化差異

邏輯思維等都有著巨大的差異。其實，就連生長在同一個國家不同地區的人之間也會存在這種差異。這個現象在馮特教授的民族心理學說中得到了很好的解釋。」（見圖 12-3）

「在解釋上面那個現象之前，我們先來了解一下民族心理學這個概念是如何產生的。」馮特教授說道，「在我那個年代，很多心理學家喜歡研究個體，並且習慣從個體身上總結人類的思維方式。我發現，有些人的思維方式很相

第十二章　馮特講「恐懼」

近，但有些人的思維方式卻差距非常大。經過思考和研究，我意識到人的思維方式在一定程度上受到語言、習慣等因素的制約。於是，我便以語言、習慣和神話為基礎去調查不同地域、不同種族之間的思維模式。從而也就開闢了民族心理學，這門學科包含了從個別到總體，從普通個體到超越個體的思維模式的總結研究。」

在馮特教授的民族心理學中，有以下幾個思想是需要學生們留意的。

首先，就是民族為什麼會產生。

在大自然中，有很多的動物，像螞蟻、蜜蜂都有群居，過共同生活的習慣。但是動物學家認為，動物的這種團體生活不過是為了滿足物質需求而已，並沒有彼此心理上的交換。然而，人類就大不一樣了。

人類選擇群居生活大多數並不是為了得到物質上的滿足，而是為了一種心靈上的寄託。比如，婚姻，動物之間的結合是為了繁衍後代，很少有感情因素的出現，人類的結合則是為了找一個能攜手共度餘生的人生伴侶。

馮特教授說：「個人與團體之間的相互作用十分密切，個人會受到團體的影響而進步，同時，團體也會因個人影響而變化進步。」

正是由於這種密切的關係，導致一個團體中的個體的意識不是孤立的，而是有統一的趨勢，並且會朝著某一個方向發展。馮特教授把這種意識叫做集體意識。

集體意識是由一個團體中無數個個人意識結合而成的一個整體，同時，這種意識也存在於個體之中。

一個團體中的語言、風俗都是集體意識的產物。就以語言為例，最初的語言可能只是某個原始人指著一件物品隨便喊出的一個奇怪的聲音，然後他

身邊其他的原始人看見了之後，也都學著發出那個聲音，久而久之，這個奇怪的聲音便成了我們今日交流中的某一個單字。

我們可以看出，語言最開始是從個人意識中產生的，只有一個人知道那個東西叫什麼，後來透過傳播變成了集體意識中的產物，所有人都知道那個東西叫什麼。

不同的地域之間會有著不同的發展，從而導致兩個民族之間的集體意識不相同，集體意識的區別又會導致兩地之間居民的思維模式不同。

馮特教授說道：「記得幾年前張藝謀導演拍攝了一部名叫《金陵十三釵》的電影。裡面講述的是在南京大屠殺的時候，十二個妓女的生命換了十二個小女孩的生命。這部電影賺足了中國觀眾的眼淚，可是海外朋友好像不是那麼感興趣，給予的評價也一般般。他們覺得完全不明白這部電影的意義，同樣都是人命，為什麼要換呢？這就是因為集體意識不同而致使兩地的思維模式不同。」

夏曉楠記得女媧補天的故事。為了保護手無縛雞之力的人，女媧最後用自己的身體堵住了天。由此可見，中國這個民族從神話時期就已經在人們心中種下了一種保護弱小的想法。即使是在災難的時候，我們也主張先照顧老弱病殘，所以，我們的集體潛意識裡就有著保護弱小的觀念。

而許多西方國家的觀點並不是如此。以美國為例，美國是一個主張公平的國家。無論是黑人與白人之間，男人與女人之間，都在強調自主和平等。

第十二章　馮特講「恐懼」

所以，如果《金陵十三釵》片中出現的是十二個美國女人，可能她們會為這些柔弱的小女孩感到難過，傷心，憤恨，但她們卻不會像國人那樣要求替她們去日軍那裡受死，因為這些觀念並不存在於她們的集體意識裡面。

除此之外，在中國，一群人一起闖紅燈是非常常見的，但是在國外，這種行為卻會遭到他人的唾棄。西方人喜歡當面把禮物拆開，而中國人卻會含蓄地先收起來，等所有的客人走後再看。像這樣的習俗區別有很多，這些都是集體意識中的一部分。（見圖 12-4）

在個人意志沒有那麼強大的時候，你的行為會嚴重受到集體意識的影響。

圖 12-4　集體意識

由此可見，集體意識不同的確會導致思維模式的不同。這也就解釋了為什麼最開始出現的那個美式笑話，我們會覺得一點都不好笑。不光國與國之間會產生不同的集體意識，就是同一個國家兩個不同地區都會有不同的集體意識。比如，東北人豪爽，南方人細膩。

馮特教授說道：「現如今，科技變得發達，各個地區之間的來往相比以前要密切很多。在國外可以看到許多中國華僑，同樣，在中國坐地鐵、擠公交時都能看到一兩張金發碧眼的面孔。隨著文化的交融，外國那些我們不曾接觸過的理念也逐漸地植入我們的思想中。儘管，許多地區的集體意識與我們的集體意識有很大的差別，但是相信會有那麼一天，由於國與國之間頻繁的交流，會把集體意識之間的那些差異抹去。我們可以變得相互理解，相互認同和尊重。」

第三節　宗教來自恐懼

馮特教授說道：「由於世界文化的交融，當今社會許多的國人開始接納外來的宗教，基督教就是一個很好的例子。宗教的種類很多，自古就有很多中國人信奉道教，夢想修仙，還有不少人信奉印度的佛教和中東的伊斯蘭教。」

張棟興說：「是呀，宗教是人類文明發展中一種普遍的文化現象。無論是哪一種宗教，其教徒都相信在世界之外存在著某種具有絕對權威的神祕力量來主宰自然進化和人世命運。基督教徒將自己稱為上帝的使徒，伊斯蘭的人將阿拉視為真主，佛教則信奉佛祖。但宗教跟恐懼有什麼關係呢？」

馮特教授說道：「撇開人的情緒，觀念和行為，將宗教看作是人心理活動的產物去探索宗教的本質。若想要真正地去探索宗教的起源，我們需要追溯到原始社會。」

馮特教授給大家設立了這樣一個場景：數千年前，原始人的生活狀況是與世隔絕的，並且他們的心理發展尚未完善，依舊處於極為低下的水準。這些因素導致他們的思維大多數屬於聯想型，根本沒有邏輯關係，唯有那些能激起他們強烈的情緒反應的事情才能引起他們的注意，從而走入他們的思維中去。

比如，身邊的夥伴被老虎吃了，一道雷從天而降劈死了一隻狼。正是由於死亡和疾病引發的強烈恐懼情緒才會讓原始人產生宗教觀念。

第十二章　馮特講「恐懼」

原始時代的宗教思想和現在的宗教是有一定差異的。在原始階段，宗教思想主要涉及一些巫術和魔鬼的觀念，因為這些東西往往與人類自身的死亡有關。（見圖 12-5）

怕死，求保佑

圖 12-5　恐懼導致信仰

而對於家庭美滿、婚姻幸福和事業有成這類的事物，那些只研究如何吃飽飯的原始人是根本不會放在心上的。

而且對於一些不尋常的自然現象，像暴風、日食、海嘯，等等，原始人也會產生恐懼心理。面對這種可怕的力量，原始人的心中產生了很深的敬畏感和恐懼感。

以此為立足點，馮特將宗教發展的過程分為四個階段：魔鬼和巫術崇拜時期，圖騰崇拜時期，諸神崇拜時期和世界宗教時期。

一個原始人和他的夥伴出去打獵，兩人在森林中走著走著，突然自己的好夥伴一命嗚呼，這個原始人的第一反應一定是棄屍而逃。之所以有這樣的行為，是因為他們對死亡的認知還並不完全。

在他們的世界觀中，生命就像靈魂一樣以某種神祕的方式存在於人的身體中，當看到自己的好夥伴躺在地上一動不動，他們會以為這個人的生命還在屍體附近徘徊，而地上的屍體由於失去了靈魂會變成魔鬼。他們懼怕這些魔鬼威脅到自己的生命，所以會快速離開。

不光如此，這個原始人還會認為他的小夥伴的生命沒有了肉體去依附，一定會跑到自己的身上來跟自己搶奪肉體。就是這些恐懼促使他們的腦海中產生了巫術的概念，並且開始信奉，這就是最初的**魔鬼和巫術崇拜時期**。

後來，人口的增長導致部落的劃分和組成。部落之間為了爭奪資源而頻繁發生的戰爭使人們面對死亡時不會再像之前那樣恐懼。這一思想的進步使他們對於巫術有了更新的理解。死亡後，人的生命會脫離原來的身體去尋找新的載體。

最初蛇、蜥蜴、鳥之類行動敏捷的動物都被部落人視為生命靈魂的寄居之地，隨著時間的推移，其他的一些與人類活動密切相關的動物，甚至植物漸漸也成了生命的載體，變成了部落信奉的圖騰。

當然，還有一種圖騰崇拜是建立在一些祖先留下的「魔物」之上的。舉個例子，一個生活在魔鬼與巫術崇拜時期的原始人走著走著，被一個木質的迴旋鏢絆了一跤（先不討論為什麼古代會有迴旋鏢）。他從地上爬起來，一怒之下把迴旋鏢扔了出去，沒想到，迴旋鏢飛了回來，戳瞎了他的右眼。

對於一個教育程度還不如幼兒園大班的原始人來說，迴旋鏢這種東西是聞所未聞的。他對於這個反自然的東西感到恐懼，便把它帶了回家珍藏了起來，世代相傳。百年之後，這個原始人的子孫一看到迴旋鏢就會產生恐懼和敬畏，從而把它當成了一種圖騰信奉了起來。

圖騰崇拜時代，每個部落都會有自己的崇拜儀式。儀式分為兩類，一類是和人生重大事件有關，比如，嬰兒的出生和部落成員的死亡。另一類與自然現象相關，例如，春天播種的時候會祈求豐收。不論是哪一類崇拜儀式都是建立在希望和恐懼這兩種情緒之上的。

諸神崇拜時期的開端和我們平時所了解的歷史開端是一致的。由於人類的進化，先前的生命靈魂觀、圖騰崇拜都有了巨大的改變。魔鬼與巫術崇拜以及圖騰崇拜裡面都有著魔鬼的形象存在，而在諸神崇拜時期，原來的魔鬼已經獲得了人的特稱，成為了有著良好品質的神。

第十二章　馮特講「恐懼」

部落之間的長期戰爭中，一些英雄人物接二連三地出現。人們對於這些英雄人物無疑是敬仰的。而神就是英雄和魔鬼的結合。於是之前的生命靈魂也有了三個截然不同的歸宿：地獄，煉獄和天堂，甚至還有著類似於部落裡面的官僚制度。

你的信仰不是因為虔誠，而是因為恐懼！

馮特教授說：「這個時期的崇拜才是真正意義上的宗教，之前的崇拜都是巫術，是發育不完全的宗教。宗教和巫術的區別在於宗教的崇拜對象是有人格有邏輯的神，對於神 圖12-6　虔誠來自於極度的恐懼
的感情是『敬』，而巫術則是不具人格的魔鬼，感情更傾向於『畏』。除此之外，人們信奉宗教的目的是為了追求美好的生活，崇拜巫術卻是為了避免死亡。時至今日，巫術並沒有消失，在一些落後的鄉村依舊存在著巫婆之類的人，他們施法幫活著的人與死人取得連繫或者降妖除魔。不過，這些巫術的真假也就不言而喻了。」（見圖12-6）

夏曉楠點點頭，諸神崇拜時期最終被世界宗教時期所取代。在這個時代裡面，人類的生活變得更加豐富，形成了經濟、藝術和科學的概念，宗教的分支也越來越多。

此時，疾病和死亡已經退出了宗教舞臺，不再令人懼怕，甚至在有的宗教信仰裡面，人們認為自己生活的世界是充滿罪惡的，唯有行善積德才能在來世或者天堂裡面得到滿足。於是，人類對於死亡的感情變成了平靜乃至期盼，開始崇拜死後的世界。

馮特教授說：「我的宗教觀很長，但是每一點都是有著充分的理論分析。

如此來看，我們現在信仰的宗教的確是起源於最原始的恐懼心理。是否人死後會去另一個世界我們無從知曉，不過行善積德、心胸寬廣這些好的品質對我們今世的生活也是有利的。」

第十三章

羅傑斯講「變態」

　　本章透過三小節，詳細介紹了如何正確給人建議，如何學會傾聽等生活中常碰到的心理學問題。文字通俗易懂、幽默風趣，適用於邏輯思維能力較弱，且渴望避免上當受騙的讀者。

卡爾・羅傑斯
（Carl Ransom Rogers）

美國心理學家，人本主義心理學主要代表人物之一。

羅傑斯早年從事歷史學研究，後從事神學研究，最終轉為從事心理學研究和諮詢工作。

羅傑斯對於心理學的主要功績在於，他主張「以當事人為中心」的心理治療方法，首創非指導性治療（案主中心治療），強調人具備自我調整以恢復心理健康的能力，他也因此獲得美國心理學會卓越專業貢獻獎。

第一節　人往高處走

一大早，張棟興就跟孫昱鵬吵了起來。

張棟興說：「今天羅傑斯教授要講『變態』，很適合你！」

孫昱鵬一翻白眼：「一看你就不是理科生，我們還是聽聽羅傑斯教授怎麼講吧！」

羅傑斯教授笑咪咪地說：「眾所周知，水往低處流是一個極其常見的自然現象，與之相對應的人往高處走也是一個普遍現象，而且這個現象不是強制性的，是與生俱來，無須培養的。」

在羅傑斯教授的人格理論中，他把這種現象稱為「實現的傾向」。

早在嬰兒時期，小孩子的行為就展現出了這種傾向。我們最初學走路的時候，不論跌倒多少次，摔得多痛多慘也會自己爬起來，然後繼續向前走。

第十三章　羅傑斯講「變態」

就是這種永不止步的本能讓我們進步、成長，並把未來打造得越來越好。

羅傑斯教授說道：「這樣說是不是聽起來有點耳熟？是不是腦子裡突然冒出了馬斯洛教授偉大的身影，還想起他研究的自我實現理論？」

夏曉楠點點頭。不錯，馬斯洛教授和羅傑斯教授同為人本主義的代表人物，他們的研究自然會有相似之處。不過，俗話說，有一千個讀者就有一千個哈姆雷特，讓我們來看看羅傑斯教授對於自我實現有著怎樣與眾不同的見解。

羅傑斯教授說道：「我認為，自我實現是促使每個人人格形成的一種潛在動力。自我實現分為一般自我實現和特殊的自我實現。一般自我實現指的是那些生理上的成長，是不受到外界因素的影響全靠自己的發展。」

比如，當我們身體裡的激素功能正常且達到一定程度時，我們會形成第二性徵，像是女孩子的月經。再比如，當毛毛蟲長到一定程度，就會羽化成蝶。顯然這些生理現象在生物學中領域中的確是一種進步，一種對更好的身體狀況的追求，並且只要到達一定時間就會形成，與我們是孤兒還是家庭美滿，生活是貧窮還是富有等這些生活經驗都毫無關係。（見圖 13-1）

圖 13-1　蛻變

自我實現則要受到社會因素的影響，我們的生活經驗和學習都可以為自我實踐提供肥料。我們的信仰、性格、觀念都是在後天接觸的事物的影響下成型的。兩者的結合構成了自我實現的基本內容。

　　羅傑斯教授繼續講道：「一般自我實現無須多提，只不過是自然的生理發展，只要你健康就肯定沒問題。而特殊的自我實現卻受到很多因素的影響。你一定很想知道，有哪些因素在潛移默化的改變我們。在這一觀點上，馬斯洛教授偏向於強調自身的一些做法，像勇於承擔責任，傾聽自己內心的聲音以及讓自己專注的學習等等。相反，我更注重的是我們的家人、朋友的態度可能會產生的影響。」

　　張棟興表示同意：「一年之計在於春，人也是如此，嬰兒時期的經歷對以後的影響是最重要的。」

　　羅傑斯教授點頭：「是啊！一個人是否可以形成健康、積極的自我，完全取決於他在嬰兒時期獲得的關愛有多少。這種需求被我稱作是『積極性尊重』。我們每一個人都有積極性尊重的需求。為了滿足這種需求，即使是在嬰兒時期，我們就已經學會尋找方法。而我們成人之後的人格是否健康都取決於兒時的需求有沒有被滿足。」

　　溫暖、喜歡、尊敬、同情、認可、關愛等都屬於積極性尊重，為了滿足這些需求，嬰兒或者青少年會試著去做一些討父母開心的事情。反之，如果做了一些讓長輩憤怒的事情，他們就會失去積極性尊重。

　　「什麼該做，什麼不該做」被羅傑斯教授稱為「價值條件」。透過一次又一次地重複體驗價值條件，漸漸的，這些標準就會扎根到孩子的心中，日後成為他們人格中的一部分。

　　羅傑斯教授說道：「舉個例子，有一家人以種田為生，生活過得十分拮据，而這家的孩子小時候很喜歡畫畫，但是他的父母卻認為畫畫是浪費時間又沒意義的事情，因此當小孩畫畫的時候，他們不會像平時那樣耐心的陪著他，甚至還嗤之以鼻。儘管這只是一件小事，可是小孩子卻記住了畫畫是無

第十三章　羅傑斯講「變態」

法獲得父母關愛和陪伴的。無論他內心多喜歡畫畫，等他長大之後，對繪畫也會裝出一副不在乎的樣子。

這時，這個人的觀念就不再是他自己的觀念了，而是包含了和他父母一致的想法。這樣的行為就不能被稱作是自我實現。因為他的行為不是受到自己真實想法的控制。時間一長，他的生活經驗和他的自我會彼此疏遠，矛盾也就產生了。」

羅傑斯教授說：「為了防止這種自我的不協調的產生。我們應該學會給予『無條件尊重』。就是無論孩子做什麼，都無條件的給他關愛、支持和尊重。如此一來，就不會產生『價值條件』，使得孩子對於積極性尊重的需求和自我的需求和諧統一。只有這樣成長的孩子，才能做到自我實現並激發潛能。」

人往高處走自然是好事，除此之外，自我實現無疑可以讓我們形成一個積極、樂觀、健康的人格。自我實現這樣的本能，如果因為一個人小時候教育不當而被殘忍的扼殺或被扭曲，那實在是太可惜了。

羅傑斯教授說道：「我始終相信人之初性本善，如果讓一個孩子自由的長大，誰又能肯定他將來不會出類拔萃呢？家長、教授以及其他長輩在孩子的成長道路上不過是指路人的形象。很多家長由於對孩子的保護而為他設計好日後的每一步。這樣過度干涉，不顧孩子真實的想法就強行封閉一些道路，不但會壓制孩子的興趣和本能，而且在之後的歲月裡，孩子的內心一定會十分糾結，掙扎。況且，誰又敢保證，長輩為晚輩設計的未來就一定是合適的呢？時過境遷，未來是在一直變化的，我們誰也無法判斷以後的日子是什麼樣子。」（見圖 13-2）

人的自我實現，是要受成長環境影響的。

圖 13-2　人的自我實現

第二節　如何正確的提出建議

羅傑斯教授說道：「生活中你是不是也遇到過朋友來向你詢問意見，或者你也曾在有困難的時候找好友解決問題呢？不過，你又是否想過你的意見真的幫到他們了嗎，或者他們的幫助真的有實際的用途嗎？在這方面，我可是深有研究。」

首先，讓我們請出幾個朋友來分享一下他們的經歷。（PS：羅傑斯教授叫出了何超凡、孫昱鵬和夏曉楠）

何超凡：「我要告訴大家一個悲傷的故事。我叫何超凡，今年 25 歲。在我 21 歲那年，我和一個網友約出來見面。他比我大 10 歲，我們一見鍾情，愛得一發不可收拾。最開始，我們的感情很好，我家和他公司離得也很近，每天下班他都會來找我，陪我坐著聊聊天，或者遛彎。總而言之，那段時間我過得很開心，後來他跳槽去了另一家公司。由於他的公司很遠，我們見面就不像以前那樣頻繁，一個月才見一兩次。當時，我還小，不懂事，就開始懷疑他對我的感情。

有一次，我發高燒，特別難受，給他打電話，他卻隨便敷衍了兩句，說一會給我打，結果一直沒有打過來。我很傷心，就找我的閨蜜，問她是不是我對象不愛我了。她聽到我們的故事之後就一直指責我，說我傻，被人耍了都不知道，跟一個比自己大那麼多的人談戀愛，還說一個男人要是不能在你最需要他的時候出現，你要他又有什麼用。現在，他玩膩了，對我沒興趣了，想甩開我而已。可是，我覺得如果他真的不喜歡我了，為什麼不主動提出來分手？不過，因為我不想被閨蜜看不起，當天就咬咬牙跟他分手了。他一直挽留我，說那天的事情實在太多了，忙不過來所以沒給我回電話。閨蜜

第十三章　羅傑斯講「變態」

卻說這些都是藉口，真正愛你的人是不會忘的。在閨蜜的建議下，我把他的電話給拉黑了。（見圖 13-3）

朋友的意見幾乎都是沒有用的，因為——你不會聽！

圖 13-3　朋友的意見沒有用

　　現在，我工作了，每天事情都很多，特別能理解當時他的狀況。有時候正聽好朋友訴苦，領導走了過來，只好把電話掛了，跟領導一聊完就去忙別的事情了，根本想不起來要給朋友回電話的事。一天到晚有時候連吃飯的時間都沒有。反正，我特別後悔那時候跟他說分手。這幾年，我很少遇到像他那麼好的男人。」

　　（羅傑斯教授默默在一邊掉眼淚……「這實在是太感人了！」）

　　孫昱鵬：「我要講的故事發生在我上高中時。我上的高中是寄宿學校，課程特別緊，早上六點半就得起床，一天 9 節課外加兩節超長的晚自習，晚上次宿舍又要寫作業複習，有時候凌晨一兩點才能睡覺。在高三那一年，我們所有人都刻苦學習，恨不得連覺都不睡了。但是，也有奇葩，就是我的室友。他上課睡覺也就算了吧，還逃課，體育課不去也就算了吧，有時候數學、物理這些正課也不去，晚上常常十點多才回宿舍。這明顯就是自甘墮落啊！當時，我實在是看不下去了，就找他談。我問他為什麼不去上課，他說他覺得上課沒必要。我就勸他，苦口婆心地跟他講道理，舉例子，說他這樣完全就是在毀自己，父母花錢送他來上學不容易，不可以這麼虛度光陰，要對得起爸媽，對得起良心。」

　　羅傑斯教授：「是不是聽完你的勸告，他豁然開朗，懸崖勒馬，從此再也不逃課了？」

232

孫昱鵬：「我倒是希望這樣！我不光跟他談，還監督他，上課看到他沒來就給他打電話。這個沒良心地卻說我多管閒事，然後就從宿舍裡面搬出去了。你說氣不氣人！」

羅傑斯教授：「那倒是挺氣人的，分明是『狗咬呂洞賓』。最後，他一定大學沒考好，特別後悔對不對？」

孫昱鵬：「沒有，這也就是我最生氣的一點。他居然考得比我還好，真不知道是他家裡找的關係還是他真的就是個天才。可是，天才也不能這麼得意忘形，別人好心勸他也不能說別人煩啊！」

羅傑斯教授：「說得好。不過，我們還是先看看下一位朋友的經歷，最後讓我幫你解答你的疑惑。」

夏曉楠：「自我介紹什麼的就免了吧，不過，有一點大家 定需要知道，我就是孫昱鵬口中那個『不學無術』的室友。剛才越聽他講我越來氣，我成績好明明就是自己努力出來的好不好。首先，我根本就不需要別人的幫助，而且他一直在幫倒忙。最開始，我上課睡覺是因為教授講的都是些講過無數遍的東西了，與其浪費時間聽還不如補個覺為下節課養精蓄銳。後來，我覺得睡覺也沒有必要，就乾脆不上了，在自習室做題看書。這樣效率還更高。那些有用的新課我一節都沒逃過好不好。很多時候，我一天做兩三篇閱讀，但是教授留作業只留一篇。我提前寫完就利用課間找教授把錯題和不懂得知識都問了。教授上課再講解作業的時候，我為什麼要浪費時間又聽一遍？還不如找個自習室背背單字呢。而且，我每天晚上次宿舍晚，是因為孫昱鵬總喜歡在宿舍裡面讓室友給他講題，或者跟別人聊天吃東西。我學習需要一個非常安靜的環境，他這樣無疑是在打擾我，我只好在教室裡面看書了。他卻反過來說我浪費時間不學習。拜託，我學習的時候他又沒看到。」

第十三章 羅傑斯講「變態」

羅傑斯教授笑道：「好了，這三位朋友每個人的經歷都很精彩，也很常見。他們都有一個共同點，就是朋友給的意見和他們給朋友的意見都沒什麼用，而且有時候還會造成反作用。對此，我的『當事人中心療法』為我們解答了這個現象。

「在我的理論中，心理治療是需要以來訪者為中心的，而治療者的作用不過是提供一個場所或是一種氛圍，幫助來訪者思考，理清頭緒，讓他們自己想清楚如何解決問題，並非主動地給予指導。無論來訪者有什麼樣的觀點和想法都要無條件地肯定，接受，使得來訪者可以積極地面對自己的問題。」

何超凡的故事就是因為她的閨蜜在談話中加入了自己的看法和評論，直接導致何超凡不敢面對自己內心真實的想法，因為害怕職責而選擇了順從，而非遵循自己的意見。

由此可見，在心理治療或者幫朋友開導，解決問題的時候，無論對方表現出的情感是積極的還是消極的，我們都不要讚許或者否定，只需接受，鼓勵對方去了解自己的真實感受。否則，很有可能，我們的意見會誤導他們。

來訪者說的話不過是整個事件的冰山一角，就算來訪者吐露出自己的心聲，有些部分我們也是不了解的，如果我們在不了解的情況下不負責地給他們建議，最後的結果也就可想而知了。只有他們自己經過深刻的思考後做出的決定才是正確的，不會後悔的。

羅傑斯教授說道：「除此之外，還有一點是我們不得不注意的，我提出所有的諮詢或者治療的前提是來訪者必須主動地承認自己需要幫助，不然就會像孫昱鵬和夏曉楠一樣。夏曉楠本來就不需要幫助，孫昱鵬的行為反而畫蛇添足，最後好心辦壞事。

「所以，幫助朋友是好事，但是提建議一定要小心謹慎。」

夏曉楠拍了拍孫昱鵬：「聽到了嗎？」

第三節　代溝只是你不會傾聽

羅傑斯教授笑咪咪地說：「各位都聽過代溝吧？」

大家紛紛表示聽過。

羅傑斯教授說道：「代溝這個詞在我們生活中出現越來越頻繁，很多人常說『我和你有代溝』，然後拒絕交流。到底什麼是代溝呢？代溝是指兩個人因價值觀、思維方式、行為方式，或者道德標準的不同而產生的分歧和差異。有人說，三歲一代溝。其實代溝不光出現在時代相隔的兩個人之間，在同齡人身上也常見，宗教不同，性別不同，受教育程度不同，都會產生代溝。我們總是認為代溝會使兩個人拒絕傾聽，但實際上，拒絕傾聽才是產生代溝的根本原因。」

孫昱鵬點點頭，當我們興高采烈地想和父母分享一下自己的想法，或者幫家人出謀劃策時，結果往往是一盆冷水澆到頭頂。

在父母的眼裡，我們不過是什麼都不懂的小孩子，說出來的話也沒有什麼價值，所以對於那些從我們口中說出的話，他們也不會太過重視，更不會認真地聽，最多也不過敷衍幾句。

圖 13-4　代溝

第十三章　羅傑斯講「變態」

可是這樣的行為，在幼兒心中造成的傷害是無形的。兒童覺得自己沒有被尊重，可能會因此變得軟弱，不敢再像以前那樣肆無忌憚地吐露自己的心聲。數年後，當我們的思想開始一點點成熟時，父母再想跟我們交談，了解我們的想法，我們的態度往往是冷漠，竭盡全力地隱藏自己，為自己穿上厚厚的鎧甲，代溝也就產生了。（見圖 13-4）

其他方面的代溝皆是如此，因為某一方的觀點和話語遭到反駁或指責，得不到傾聽和尊重，從而放棄交談。

羅傑斯教授說：「我是有名的傾聽者，不論對方的想法是成熟還是幼稚，深刻還是浮淺，客觀還是偏激，都會全神貫注地傾聽，並且設身處地地為他人著想，努力感受對方的情感。就算有人指著我的鼻子破口大罵，我也會一字不落，認真地聽。如此一來，對方感受到完全的尊重和理解，便會視傾聽者為知音，伯樂，代溝自然也就不會產生了。

「但是，那些已經產生的代溝又如何解決呢？既然代溝會讓彼此拒絕說出真心話，那是不是只要雙方把自己內心的想法說出來，代溝就會解決？這樣的想法無疑是錯的，有時候可能還是適得其反。還是以家長和孩了為例。」

一個 16 歲的高中男生跟學校裡面幾個抽菸喝酒的人結為兄弟，常常和他們一起出去玩，學習成績有所下降。這個男孩的父母看到了，覺得自己的孩子在走下坡路，便本著「人性化教育」的原則打算和孩子溝通，做他的好朋友外加人生教授。

這對父母心平氣和地拉著男孩的手說，「你把我們當成你的好哥們，我們說說真心話怎麼樣？」

男孩一聽，心裡樂開了花，覺得老天開眼，終於把自己父母變得和藹可

親了一點。於是，他把自己內心的想法一五一十都說了出來，其中包括他那幾個抽菸喝酒的朋友，他認為那幾個人特別瀟灑，成熟，而且十分「夠哥們」。

可是，他越說，他父母的臉色就越難看。父母還是忍著怒吼，溫柔地說：「孩子，我們覺得那幾個人不適合當朋友。你現在還小，要以學習為主，哥們義氣什麼的等你長大了再談。再說了，他們抽菸喝酒肯定不是什麼好人，你跟他們玩只會耽誤你的學習……」男孩一聽，立馬吼道，「你們說我可以，為什麼說我朋友？！你們認識他們嗎？為啥要就妄加評論……」這時候，父母也火了，「你這孩子怎麼回事啊！跟你這麼說是對你好……」

然後，雙方就吵得不可開交。男孩和他的父母說的無疑都是真心話，可為什麼代溝依然存在？因為，從根本上，男孩和他父母的觀點就是相斥的，把真心話說出來的結果無非是讓矛盾更加明顯。那，究竟如何才能消除代溝呢？

羅傑斯教授：「其實，早在代溝這個詞出現以前，我就已經幫各位找到了消除代溝的方法—— 傾聽。但是，我口中的傾聽，和剛才兩位父母表現出來的傾聽完全不同。我的傾聽中還包含著另一個重要的因素—— 接受。只有用接受的態度去傾聽，我們才能跨越那道文化、宗教或者年齡帶來的溝壑。」（見圖 13-5）

傾聽是解決一切代溝的最好方法！

圖 13-5　傾聽的力量

還是剛才的那個例子，先不管男孩和他的父母孰對孰錯，雙方都沒有站在對方的立場上去思考問題，只顧著自己感情的表達。一場對話中，如果兩個人都是敘述者，沒有傾聽者，那麼結果可想而知。自己說出來的話等於廢

話，對方的觀點還一句都沒有聽進去。

若想真正的解決代溝，兩人交流中則應該更注重對方的感受，而不是單純理性地給予評論。如果男孩的父母先接受他的想法，說「現在講義氣的人越來越少了，很多人都把利益看得很重，我們很欣慰你能找到這樣的一個朋友」，然後再提出意見，「你對你哥們有求必應是因為他們對你好，不過，你有沒有想過，我和你爸爸對你也很好，而且這麼多年不離不棄，你要啥給啥，是不是也很夠哥們呢？那哥們給你提個要求好不好？從你玩的時間裡面抽出一部分出來，努力學習，等長大了之後賺錢再跟你那幫哥們玩去，這多瀟灑。」

如果，男孩的父母當時是這樣說，那麼結果應該會大有不同吧，代溝什麼的也就不復存在了。

羅傑斯教授說道：「當今社會很多家長都有過多次和孩子交朋友的行動，但是和孩子之間的代溝依舊存在。原因其實很簡單，孩子拒絕與家長交流普遍是因為家長往往是打著『交朋友』的旗號，把孩子最近隱瞞的生活和想法騙出來，再端著家長的架子批評指責。」

夏曉楠點點頭，確實，如果家長們無法做到像羅傑斯教授那樣海納百川，接受、認可或理解孩子心中那些可能幼稚的想法，就不要再用這樣的行為一次次打擊他們，讓孩子對你們建起一道道心牆。

第十四章
華生講「刺激」

　　本章透過四小節，詳細介紹了心理學方面有關「刺激」的知識，內容詳實有趣，適用於渴望提高心理學能力的讀者。

約翰‧華生

(John Watson)

美國心理學家，行為主義心理學的創始人。

華生早年師從著名學者杜威研究哲學，後轉向心理學。他認為心理學研究的對象不是意識而是行為，因此提議心理學界放棄自我調節的內省法，轉而進行試驗和觀察，他也因此成為實驗主義心理學奠基人。

1915 年，華生當選為美國心理學會主席，成為美國乃至世界最著名的心理學家。

第一節　微表情是否能透露內心

孫昱鵬對夏曉楠說：「今天一個妹子誇我了，說我好厲害啊，但是她嘴角又露出十分不屑的樣子，我該不該相信她？」

夏曉楠還沒說話，華生教授笑了：「你更相信她的話，還是她臉上的表情？有人說語言可以是假的，表情可以是裝出來的，但微表情永遠都是一個人最真實的感情表現，它騙不了任何人。

「你可以透過眼淚和話語來讓一個人覺得你現在非常難過，但是你不經意間上揚的嘴角會告訴別人你的真實情感 —— 你在幸災樂禍。這就是傳說中的微表情。微表情比大笑、哭泣、皺眉這些我們主觀上可以控制的表情要細小很多，它發生在一瞬間，通常只有五分之一秒，以至於有的時候連做出這個微表情的人和高度集中注意力的觀察者都很難發現，因此很多時候，這些不經意間流露出的微表情更能準確地描述人的心理活動。」

第十四章　華生講「刺激」

華生教授認為，行為是指所有可以觀察到的機體反應，它往往體現了我們對於外界環境的適應性。

華生教授說：「我把反應分為四類：外顯的習慣反應，內隱的習慣反應，外顯的遺傳反應，內隱的遺傳反應。習慣反應和遺傳反應的區別在於，前者是人們後天形成的，後者則是指那些當我們還是小嬰兒的時候已經學會的技能。外顯的行為指的是可以用肉眼觀察到的行為。像打排球、畫畫、算術、與人說話這些經過後天努力才學會的行為屬於外顯的習慣反應。還有一些與生俱來的能力，比如剛生下來的小孩就知道如何打噴嚏，抓握，就屬於外顯的遺傳反應。內隱的反應是我們無法用肉眼觀測到的。內隱的習慣反應包括思維意識、巴夫洛夫研究的條件反射等等這些需要後天學習的能力；而內隱的遺傳反應包括我們從生下來就有的身體的內分泌系統和循環系統中的各種變化。

微表情就屬於外顯的遺傳反應，所有人傷心的時候淚腺都會分泌淚液，感到鼻子很酸，而不是哈哈大笑。正因為微表情是先天就有的，它無法偽裝，可以真實地反映一個人的內心。哪怕我們努力去掩蓋或者抑制這些微表情，它也會在不經意之間出現，只不過表現的時間較為短暫或者不明顯罷了。」

孫昱鵬恍然大悟：「哦！再怎麼能裝的人遇到刺激後一定會下意識地在第一時刻流露出和自己真實想法相同的微表情，而那些偽裝也在我們做出微表情之後才會出現。所以，我們需要非常用心地觀察。」（見圖14-1）

你好厲害啊！

圖 14-1　表情更加真實地反映內心

華生教授說道：「不錯，舉個例子，當你在盤問別人，如果你說的話是錯的，對面的那個人的嘴角會輕微上揚零點幾秒又立刻恢復正常。再比如，一個人撒謊時，搖頭否定前一定會下意識地輕微點一下頭。

「如今，微表情的運用越來越廣泛，就連聯邦調查局（FBI）也經常運用微表情來揣測別人的心思。聽到這裡你們的內心是不是有些小激動？是不是希望自己也能成為美劇《lie to me》裡面的讀心術大師？別急，下面就教你如何從微表情看人心。」

總體來說，每個人都有 7 種共同的微表情 —— 高興，傷心，害怕，憤怒，厭惡，驚訝和輕蔑。不管你有多能掩飾自己，也逃不過這 7 種基本的微表情。

高興 —— 人們高興的時候會不由自主地翹起嘴角，眼角會形成「魚尾紋」，而假笑的眼角是不會有皺紋的。如果左邊嘴角揚起的弧度比右邊要大，那麼這個微笑無疑是假的，因為臉部 74% 的真實感受會表現在右臉，就算你是左撇子也一樣。

傷心 —— 瞇起的眼睛，收緊的眉頭，下拉的嘴角和眉毛，還有微抬的下巴都是傷心時的面部特徵。

害怕 —— 害怕時，人的嘴巴和眼睛會張開，眉毛上揚，鼻孔放大。不光如此，人在害怕的時候會出現逃跑的生理反應，血液會從四肢倒回到腿部，做好逃跑的準備，此時，人的手掌是冰涼的。

憤怒 —— 當心情憤怒時，眉毛會下垂，嘴唇緊閉，前額緊皺。還有，人真的生氣時，怒吼和拍桌子應該是同時發生的，如果一前一後，那麼很有可能是在偽裝。

厭惡 —— 厭惡的微表情包括嗤鼻，瞇眼，眉毛下垂，上嘴唇上抬。通常，真正的兇手會對受害人流露出類似的微表情，甚至是害怕，但絕對不會是驚訝。

驚訝 —— 遇到令人驚訝的事情時，人的下顎會下垂，眼睛瞪大，眉毛微抬。但要是驚訝的時間超過 1 秒，就證明你面前這個人的表情是裝出來的。

輕蔑 —— 最經典的輕蔑特徵就是嘴角一側抬起，臉上表現出譏笑或者得意。

除了這 7 種最常用的經典微表情之外，還有一些肢體上的動作也可以表露出人內心的真實感受。例如，當人感到羞愧的時候，最有可能出現的動作是把手扶在額頭上來建立一個視覺阻礙或者眼睛看向別處，躲避對方的目光。

華生教授對孫昱鵬說：「當你想知道自己的夥伴、對象或者身邊的人是否在說謊的時候，可以注意他的單側肩膀有沒有抖動。因為單側肩膀的抖動表示說話人不是很相信自己說出來的話，這種和語言不一致的行為證明他在撒謊。

另外，人撒謊的時候會有比平常更多的眼神交流，為了判斷你是否相信他的話。還有，如果你問了對方一個問題，對方不屑地又重複了一遍，這是典型的撒謊方式。

很多人撒謊的時候，由於對自己說的話完全不相信會習慣性地摸鼻子、手或者脖子，這是在給自己一種心理上的安慰，打消內心的疑

圖 14-2　你的表情正出賣著你

惑。我們還要記得，沒有表情與出現表情同樣重要。一個人面部兩側的表情不對稱說明他很有可能是在偽裝自己的感情。」（見圖14-2）

夏曉楠說道：「我朋友發現自己男朋友晚歸，並且支支吾吾，行動可疑，於是，她很冷靜地問他今天都去哪了，都干了什麼，而且在他匯報自己的行蹤的時候，努力記住他說出的一連串地名。當她男朋友說完之後，她立刻命令他再倒著說一遍。不錯，就是倒著再說一遍，因為沒有人可以把虛構的事件正確地倒著敘述一遍。這麼一來，她的男朋友就露了餡了，跟剛才說的完全對不上號。仔細盤問下才之後，她男朋友的確說了謊。這一招在對方沒有準備的情況下，可謂百發百中。所以，一旦你發現誰倒敘自己行蹤時磕磕絆絆，滿頭大汗，那不用說，他的話一定不可信。」

華生教授大笑道：「這招真不錯！學習了！這就是一些基本的微表情，儘管其中的大部分都很有用，但對於不同的人，還是有一定的誤差。簡單地說，在使用微表情去揣測別人的想法時要結合實際情況，可能一個人不停地摸鼻子只是因為他不舒服而已。不知道你有沒有留意過，在學校或者單位裡面，越愛撒謊的人，人緣越好，因為他們很善於偽裝的自己的感情來避免口角，迎合他人。」

第二節　想讓你成為什麼，你便能成為什麼

何超凡舉手提問：「華生教授，您以前是不是說過，『想讓你成為什麼，你便能成為什麼？』」

華生教授點頭：「不錯，不是指讓你成為超人、蜘蛛人、哆啦A夢之類不切實際的科幻形象，而是給我一打健全的嬰兒，我可以保證，在其中隨機

第十四章　華生講「刺激」

選出一個，訓練成為我所選定的任何類型的人物──醫生，律師，藝術家，商人或者乞丐，竊賊，根本不用考慮他的天賦、傾向、能力、祖先的職業與種族。」

夏曉楠覺得這聽起來有些像天方夜譚，但仔細一想，也並不是毫無可能。

華生教授說：「我認為人類的所有行為都可歸根於刺激引起的反應，比如，望梅止渴，畫餅充飢，可是沒有人生下來看到酸酸的梅子就會分泌唾液。可見，除了一些極少數的簡單眼射之外，刺激並不是來自於先天的遺傳，所以行為理所當然不可能是先天的遺傳了。於是，我覺得後天環境對於我們行為的養成具有壓倒性的影響。」（見圖 14-3）

圖 14-3　行為與刺激

夏曉楠想到了小艾伯特實驗：

剛出生 11 個月又 5 天的小艾伯特是一個身心健康的小孩。華生教授把一隻毛茸茸的白老鼠放到他的面前，小艾伯特看到白老鼠時的第一反應就是好奇，伸出手想去摸一摸它。

面對這樣一幅人與動物的和諧畫面，華生教授狠下心來，用鐵錘猛烈敲擊一小段鐵軌，發出一種令人厭惡的噪音。很明顯，年幼的小艾伯特被嚇到了，哭鬧著喊「媽媽，媽媽」，然後快速地爬走了。當可愛的白老鼠與煩人的敲擊鐵軌的聲音同時出現三次後，光是白老鼠的出現就會引起小艾伯特害怕的情緒和防禦的反應行為。

而在第六次後，小艾伯特只要一看到白老鼠就會產生強烈的情緒反應。半年之後，即使是在小艾伯特面前放一隻毫無攻擊力的小白兔，或者小白

狗，甚至是白色裘皮大衣之類的白色帶毛物體都會導致小艾伯特渾身哆嗦。

　　夏曉楠甚至能想到，華生教授在一旁說：「看吧，我想讓你怕什麼，你就能怕什麼。」

　　華生教授繼續講：「不光是畏懼，人的愛與恨都可以利用條件反射培養成我們想要的樣子。比如，你可以準備一些鋼琴曲，每當鋼琴曲響起的時候，就給嬰兒餵奶，帶他出來玩，或者給他玩具等可以讓他心情愉快的事情。久而久之，當他一聽到鋼琴的聲音，內心就會不由自主地感覺到開心，輕鬆，回想起美好的事物。在他長大之後，懷著這種對於鋼琴的偏愛，他一定會主動地去學習彈鋼琴，勵志成為一名鋼琴家。相反，如果每當鋼琴曲響起的時候，你就打他，甚至把他一個人鎖在家裡不理他，時間一長，他對鋼琴甚至其他的樂器都會感到深深的厭惡或憎恨。」

　　當然，條件反射只是後天塑造人的一種方法，我們還可以利用史金納的操作性反射來實現「想讓你成為什麼，你便能成為什麼」的想法。

圖 14-4　夢想與成長

　　華生教授說道：「利用小孩喜歡的東西去誘惑他們彈鋼琴，畫畫，做別人想讓他做的事，就是一個典型的後天環境影響。若想把一個嬰兒培養成一流的竊賊，那麼每當他偷偷拿走了別的小朋友的玩具時，就對他進行表揚，

第十四章　華生講「刺激」

給他買喜歡吃的東西來鼓勵他繼續這麼做。漸漸地，在他的大腦中就會建立一個偷東西等於有獎勵的反射。就算他長大以後意識到這種行為是令人髮指的，可是習慣早已養成，他本質上已經成為了一個竊賊。（見圖14-4）

除了條件反射和操作性反射之外，利用小孩的模仿意識也是後天環境影響中的一種。

華生教授說道：「你們中國的孟子，有著名的『孟母三遷』，這就是一個很好的例子。透過這個故事，我們可以發現孩子有一種與生俱來的模仿能力，父母教小孩說話就是依靠這一點實現的。」

假如一個律師每次出席法庭都會帶著自己的小孩，這樣的結果只能是孩子會不由自主地模仿自己父親在法庭上的姿勢、語氣，一些深奧的法律術語也會潛移默化地在他的腦子裡扎根，儘管這個小孩可能連這些詞是什麼意思都不知道。

華生教授說道：「已經為人父母的朋友們請注意了，千萬不要在自己家的寶寶面前說臟字，除非你希望他張口說的第一個詞不是『媽媽』，而是那些汙穢的詞語。」

那如何培養一個孩子成為乞丐呢？難不成天天帶著他沿路乞討？這也是一個辦法。不過，我更願意相信是由於父母的溺愛。

獨生子女政策不單減少了中國人口的增長，還讓每一個新生兒備受父母的關愛。可有時候，這種關愛變得十分畸形。從小就被家人捧在手心裡，穿衣吃飯全靠父母，甚至上學都要全家老少齊上陣，一路護送。

那真可謂是皇帝般的生活，呼風喚雨，想要什麼父母就給買什麼，和小朋友吵個架都要父母去解決。這樣的孩子長大之後沒有一點生活能力，在社

會上很難混到一席之地。年輕的時候還可以依靠父母過活，但是幾年之後，當雙親白髮蒼蒼，臥床不起，他也只能憑藉乞討求生。

夏曉楠點點頭，由此可見，華生教授當初誇下的海口的確是有希望實現的，當然我們不排除適得其反的可能性。不可否認的是，後天環境對於我們的影響比先天的能力重要得多。由衷地希望每一個孩子的父母都可以正確地引導孩子成長，但是真心不建議那些望子成龍的父母利用上面的理論來把孩子變成自己喜歡的樣子。

孫昱鵬說：「《家有兒女》裡面滑鼠的父親從小培養他，希望他將來成為舉重冠軍，最後『賠了夫人又折兵』，不僅在舉重事業上毫無進展，還因為自己嚴厲的性格，用打罵來監督滑鼠學習的教育方式使滑鼠變得懦弱，膽小怕事。」

華生教授憐憫道：「孩子也是人，不是生了他，你就有權力去控制他。父母的意義更多的是幫助引導，而不是規劃命令。可能你做不了李剛那樣的爹，給不了孩子金枝玉葉的生活，但還他一個如春花般綻放的童年，不是更好嗎？」

第三節　稀奇古怪的各種恐懼

看著大家若有所思的表情，華生教授調皮一笑：「歡迎大家來到第一屆《中國好恐懼》的節目現場，我就是本次節目的主持人華生教授，大家好！」

大家都被華生教授嚇了一跳。

華生教授繼續說道：「生活中你是不是有一些稀奇古怪的恐懼並為其所折磨？你是不是懼怕一些在別人眼裡看起來再正常不過的事物？如果你是，請

第十四章　華生講「刺激」

立刻參加我們的節目。不管你是人老珠黃的家庭主婦，還是正處於荳蔻年華的蘿莉正太，不論你是傲嬌，病嬌，還是中二病，你都可以來做客我們的節目，不要猶豫，機不可失，時不再來！趕緊拿起手中的手機，撥打螢幕下方的電話報名吧！」

華生教授叫起孫昱鵬，讓他談談自己的恐懼。

孫昱鵬：「大家好，我是一名學生，我的夢想是出國留學，學習先進的知識然後回來報效祖國。不過，我遇到了一個困難，就是長單字恐懼症。每次我背單字的時候只要看到特別長的單字就恨不得把整本書都撕了，導致我現在因為害怕看到長單字而不敢背單字甚至不敢看英語課本。我來到這裡就是希望著名的心理學家華生教授能幫我擺脫長單字恐懼症的困擾。」

華生教授：「這位同學，請問你最開始背單字就這樣嗎？」

孫昱鵬：「不是的，以前我還很喜歡背單字。」

華生教授：「那你是從什麼時候開始對長單字產生恐懼的呢？」

孫昱鵬想了想：「好像是有一次單字測驗，全班只有我一個人把一個長單字拼錯了，然後被班裡的同學嘲笑了好久。本來我是班裡名副其實的學霸，多長的單字都能輕鬆搞定，但是不知道為什麼，那個單字死活背不過，每次要麼多一個字母，要麼少一個，教授就一直批評我怎麼這麼長時間還沒有記住。從那以後，不知道怎麼回事，我就開始對長單字產生恐懼了。」

華生教授：「對對對。你這個情況就非常符合我提出的行為主義原理。因為你的拼寫錯誤引來了教授的責罵和同學的嘲笑，時間一長，你看到或想到那個長單字，就會自然而然地回憶起同學的嘲笑和教授的指責。一般來講，過一段時間就會自動忘記那些回憶，可能是因為你這人比較敏感，隨

便的一件小事都會勾起那段不美好的回憶，使得你只要一看到略長的單字，就會感到恐懼。如果你的恐懼症還不能及時醫治的話，以後你看到單字都會恐懼。」

孫昱鵬：「啊？教授，那我還有救嗎？」

華生教授：「這個嘛，你讓我想想。對了，你最喜歡吃什麼？」

孫昱鵬：「教授，我愛吃冰淇淋，只要我一吃冰淇淋就什麼煩惱都忘了。」

華生：「那你就買一根冰淇淋，告訴自己必須看十遍長單字才能吃一口冰淇淋。根據條件反射理論，如此堅持一段時間之後，即使不用吃冰淇淋，你看到單字也會很愉悅，就像我們看到甚至想到楊梅就會自動分泌唾液。」

孫昱鵬：「謝謝華生教授，我回家就試一試。」

華生教授：「好了，聽完了孫昱鵬的故事，我們有請第二位選手，楊致遠！」

圖 14-5　電梯恐懼

楊致遠：「我是一個電梯維修工人。以前我很熱愛我的工作，直到有一天我和我的好基友們一起看恐怖片，片裡的主角被困在一個地下室裡面，沒想到地下室裡面的牆壁會移動，最後活生生地把主角給壓成了肉餅。當時所有人都被嚇得不行，只有我一點都不怕，不光不怕，我還嘲笑他們來著。沒想

第十四章　華生講「刺激」

到，第二天我去上班的時候，一站在封閉的電梯裡面，我老覺得電梯的內壁會朝裡收縮，把我夾死。我已經曠工好幾天了，我到底該怎麼辦啊教授？」（見圖 14-5）

華生教授：「你這個情況叫做密閉恐懼症。儘管你並沒有親身經歷，可是電影裡的主角和你的好基友把害怕的情緒傳染給了你。因為受到周圍環境的影響，你變得害怕電梯了。跟一號選手一樣，一邊上班一邊吃冰淇淋就好了。」

楊致遠：「可是我不愛吃冰淇淋。」

華生教授差點被氣死：「什麼？！居然會有人類不愛吃冰淇淋，真的是不可理喻！那你喜歡什麼？」

楊致遠：「本人男，愛好女。」

華生教授：「那你找個美女到電梯裡面陪你約會幾次，然後你就會愛屋及烏地喜歡上電梯的。」

楊致遠：「不錯不錯。我現在就去找。」

華生教授：「好的，楊致遠敘述完畢，掌聲有請三號選手，張棟興！」

張棟興：「俺是一個富二代，俺家有一片超大號的草莓莊園，俺爹說了，等俺長大，這草莓都是俺的。但是，有一個很大的問題困擾俺很久了，那就是密集恐懼症。俺只要一看到草莓上面那一堆密密麻麻的小籽，俺就特別害怕，頭皮發麻，手心出汗，還一個勁地哆嗦。不光是草莓，俺還怕鳳梨、火龍果，等等。不過，俺和前兩個選手情況不一樣，俺沒有原因，就是怕。華生教授，俺這個情況您給分析分析唄。」

華生教授：「沒有人會無緣無故地對一種東西產生恐懼，很有可能你小時

候與草莓相關的某件不愉快的經歷導致你害怕草莓，只不過，時間太久，你忘記了那件事而已。大家知不知道蓮蓬乳？蓮蓬乳就是由於蠅類的昆蟲在女性的乳房裡面產卵，然後幼蟲鑽出皮膚，而使得乳房表面留下一圈密密麻麻的小孔，很多人看到蓮蓬乳會感到極其不舒服，甚至還會嘔吐。這也就是密集恐懼症的主要原因，因為人們常常把我們日常生活中看到的那些毫無危險的事物和蟲卵、疱疹以及各種病在皮膚上面留下的坑洞連繫在一起，從而對這些東西感到噁心，不舒服，甚至懼怕。」

張棟興：「好像有點道理，但是俺為什麼不會對密集的米飯感到噁心呢？」

華生教授：「這個嘛，因為生活經驗已經讓你把米飯列為安全的密集物。況且你一日三餐天天吃，早就習慣了好不好！」

張棟興：「那俺咋能擺脫密集恐懼症的困擾呢？」

華生教授：「方法有很多種。首先，你可以置之不理，盡量不往噁心的那個方面去想，該吃吃，該睡睡，實在不行，不看就好了。不過，考慮到你以後要接管草莓莊園，遠離草莓是不可能的。另一種辦法就是強迫自己去接受，一直看，看到沒有感覺為止。就像許多法醫最開始也是害怕屍體的，由於長期接觸也就消除這種恐懼了。如果這種方法行不通的話，你還可以嘗試一下幻想療法。」（見圖 14-6）

張棟興：「幻想療法是個啥？」

華生教授：「幻想療法需要你極其強大的

圖 14-6　用想像力抑制恐懼

第十四章　華生講「刺激」

想像力。比如，當你看到草莓感到害怕的時候，你就閉上眼睛，幻想自己用鑷子把那一個個青色的草莓籽都揪出來，接著用紅色的顏料把草莓上面的那些小坑都塗上，想像自己伸出手去摸它，感覺到整個草莓的觸感變得十分光滑。這樣反覆多次，就不會像最開始那麼難受了。不過，具體的情況還得因人而異。你回家多試試就好了。」

張棟興：「華生教授，您可是治了俺的心病啊，俺終於可以接受草莓莊園了。」

華生教授笑咪咪地說：「《中國好恐懼》的第一期節目已經接近尾聲了，經過嚴格的討論和觀眾的投票結果，前三強已經誕生了！但是，由於楊致遠不愛吃冰淇淋，組委會一致決定將其除名。不過，不要在意這些細節，歡迎大家收看本期節目，我們下次再見！」

第四節　環境造人

華生教授說道：「了解過我的行為主義心理學的同學，知道能透過一些方法可以把出生的嬰幼兒培養成我們想要的樣子。其實，就算沒有人刻意地想去改變我們，為我們設計規劃未來，我們的行為思想依舊會被周邊的環境所影響。

「舉個例子：假設你生於一個書香世家，從小就與詩詞歌賦打交道，就算你不喜歡也會出口成章，對文學知識了解很深；但若你父母都是廚子，那麼你對菜餚的見解一定很高。亂世出英雄，曹操要是生在太平盛世，後人定不會用『梟雄』二字相稱。高俅要是一個「80」後，那中國足球早就聞名世界了。橘生淮南則為橘，生淮北則為枳，《春秋》裡的這句話說的就是『環境造

人』這個道理。」

何超凡說：「如此說來，是不是只要我生得好，就有了終生保障了？」

華生教授笑道：「答案是 —— 必然不可能。無論是什麼樣的環境，都有積極樂觀和消沉悲觀的兩類人。要是你選擇與一些渾身上下除了正能量還是正能量的人相處，你肯定會和他們一起努力打造美好未來，要是你選擇和一群整天泡吧，去 KTV 網吧刷通宵的人為伍，結果可想而知，你以後也就這樣了。恩格斯助馬克思完成自己的事業，伯牙謝知音兩人共賞高山流水，由此可見良師益友的重要性。」

華生教授說道：所以，我們要學會擇良木而棲，主動地去選擇對自己有益的環境。遇到志同道合的友人，就要抓住不放，跟他們桃園三結義；相反，遇到一些損友就應當學習管寧割席，狠下心來跟他們保持距離。

幸運的時候，我們可以去選擇環境，可在現實生活中，我們往往無法改變周邊的環境。當我們無法改變環境的時候是不是就意味著我們的未來已經定性了呢？

告訴你，答案還是必然不可能。

不同的環境會造就不同品質的人，同樣的環境其實也會造就不同品質的人。好比一對雙胞胎，他們有著同樣的父母，同樣的條件，同樣的環境，但是兩個人的性格有時是截然不同的。就算你出生於市井街頭，也可以高貴雅緻，有著自己的想法和見解。

中國古代很多文人學士皆是如此。《周敦頤棄官》中描寫過，當週敦頤被人推薦，調到南安擔任軍司理曹參軍的第一年，就敢和轉運使王逵為了一個案件爭執。當時的貪官汙吏數不勝數，衙役裡形成了「誰官職大就聽誰的

第十四章　華生講「刺激」

話」這種不成文的規定，根本就沒有公理的位置。

　　不過清者自清。很多人掉進官場這個泥潭之後越陷越深，成為裡面的一分子，也有的人對此無動於衷，憑藉良心做事。周敦頤就是如此。根據法律，一名囚犯是不應當被處死的，但是轉運使王逵硬是想重判他，由於王逵官職最大，其他人無不阿諛奉承，連和他爭執的勇氣都沒有。

　　可周敦頤不受官場世俗的影響，當場就站起來和他辯論。王逵不聽他的意見，周敦頤一怒之下把官辭了，告老還鄉。的確也只有像他這樣正直，能不被壞環境所影響的人，才能提筆寫出流傳千古的《愛蓮說》。（見圖14-7）

圖 14-7　近墨者黑

　　除了周敦頤之外，我們古代歷史上能不被封建制度中的官僚腐敗所影響，潔身自好的清官大有人在，例如，一生清廉簡樸，從不講究排場的包拯，即使做了大官，仍是與布衣時一樣，他憎惡貪官，深受百姓喜愛。再回過頭去看那些貪汙行賄的政府官員，同樣的環境竟打造出了完全不同的人。

　　翻看歷史，臥薪嘗膽十年之久的越王勾踐以及一些在敵人內部隱藏多年的臥底也是從未被環境所影響。記得電影《色·戒》中，湯唯扮演的王佳芝和王力宏扮演的鄺裕民，在戰亂之中，為了可以為民除害，親手殺掉漢奸，整日和一幫闊太太打牌看戲吃飯。生活在這樣複雜的環境中，他們的內心也經常感到困惑，糾結。但是，在受著利益誘惑的同時，他們並沒有墮落，而是一直堅持自己的理想，那份愛國之心也從未被汙染，可謂磨而不磷，涅而不緇。

　　華生教授說道：「我們常說亂世出英雄。一個人若毫無本領，膽小怕事，

再有哪般的亂世，他們也不過是喪家之犬，復興統一國家中的無名炮灰，抑或是叛國之賊罷了；一個從始至終都心向祖國的良將，就算他生在太平盛世，也能成為名垂千古的英雄，霍光便是如此。」

霍光被霍去病保舉入宮，幾年之後被提拔為光祿大夫，在漢武帝身邊一待就是二十多年，從未出過差錯。漢武帝在臨死前下旨命霍光繼續輔佐即將繼位的八歲皇帝漢昭帝。霍光兢兢業業又在宮中待了十三年，這期間，平民百姓休養生息，減徭薄賦。漢昭帝死後，霍光根據宗法紛繁蕪雜的規矩，力排眾議把一個名叫劉賀的漢家子弟立為君主。

後來，霍光發現劉賀根本就是一個徹頭徹尾的昏君，整天沉迷於女色，他又帶領大臣準奏皇太后將這個在龍椅上才做了 27 天的皇帝廢除了，接著又主持朝臣大會，立了孝宣皇帝。在那樣一個人人都想升官發財的時代，霍光深得民心，謀權篡位對他來說根本不是問題，但是他沒有。如今，人們還常常把這位生於太平盛世的英雄與伊尹（商朝輔國宰相）相提並論。

華生教授正色道：「環境的確可以造人，但是環境只是造成影響的作用，最後決定我們未來的還是我們自己。面對不好的環境，你可以隨波逐流，放縱自己，同時也可以高飛遠舉，選擇更佳的地方去學習成長。在責備周邊人怎樣影響你的時候，也要反思一下自己為什麼不能做到坐懷不亂，毛主席小時候曾經爬在馬路牙子上寫作業，毫不在意周邊的噪音和行人的目光，專心做自己的事情。況且，如果本來就是一個扶不起的劉阿斗，再怎樣厲害的諸葛亮輔佐，也改變不了你的本性。」（見圖 14-8）

圖 14-8　人生掌握在自己的手中

第十五章
史坦伯格講「愛情」

　　本章透過三小節，詳細為讀者講述了應當如何用心理學面對愛情，告訴讀者害羞和上癮是怎麼回事。本章適用於渴望提高心理學能力的讀者。

史坦伯格

(Robert J. Sternberg)

美國心理學家，認知心理學泰，智力三元理論建構者，同時也是首倡人類愛情三元論的心理學家。

史坦伯格於 1972 年畢業於耶魯大學，後進入史丹福大學獲得博士學位，從 1982 年開始任教於耶魯大學。主要研究領域包括愛情和人際關係，人類智慧和創造性等，在這些領域都獲得了自己創見性的成果，在當代心理學界廣受讚譽。

第一節　相愛容易相處難

　　何超凡對馬伊琍很是心疼：「文章和馬伊琍是娛樂圈內有名的一對伉儷，他們 2008 年祕密完婚，婚姻感情和諧得讓人羨慕不已。可不曾想到傳出文章出軌的新聞，幾日之後，這條微博得到了證實，文章和馬伊琍準備離婚。」

　　夏曉楠嘆口氣：「微博上的一段話說得很好，一雙鞋，你剛買的時候，蹭上一點灰你都要彎下腰來擦乾淨；穿久之後，即使被人踩一腳，你也很少低頭。對物如此，對感情亦是如此，最初，愛人皺一下眉都心疼，到後來，無論她怎樣掉眼淚，你也不緊張了。不光是在娛樂圈中，在當今社會下，不能攜手相依熬過七年之癢的夫婦太多。過日子，從古至今都是一門深奧的話題。」

　　史坦伯格教授一拍手：「嘿，怎麼這麼多感慨？其實當兩個人沉浸於熱戀

第十五章　史坦伯格講「愛情」

中的時候，我們被愛情矇蔽了雙眼，變成了現在時間的導向，對未來充耳不聞。換句話說，在我們享受今天的愛的時候，會理所應當地以為明天會在那裡等著我們。愛讓我們幸福，同時讓我們變成了享樂主義者，只考慮眼前的幸福快樂，而忽略了未來可能發生的不好的後果和我們要付出的代價。」

史坦伯格認為，談戀愛的前兩個月中，只要對方出現在我們面前，那種美妙的感覺會讓我們激動得忘記了思考，腦子裡面只有他的影子。

一旦分開，你就會覺得寂寞和傷感，一分鐘彷彿占據了半個世紀。不管明天你要上班還是上課，你都會和他一起熬夜深聊到凌晨再依依不捨地說晚安。無論你和朋友在聊什麼，你看到了什麼，你都會聯想到他身上。

很可惜，激情總是會退去。

和他在一起的那種新鮮感已經不見，你熟悉了對方的存在，你開始恢復理智的頭腦，不只是單純地顧著眼前，而是去思考未來和過去。這便是所有情侶要面臨的第一個問題 —— 在對方身上的那道光芒褪色後，你是否還能像以前那樣包容他、愛他。（見圖 15-1）

圖 15-1　相愛容易相處難

面對愛人身上暴露出的一個個缺點，你的心裡已經開始喃喃，「我當初怎麼就沒發現他這個缺點呢？」

你們不再像以前那樣親密，但這並不是因為你或者你的愛人變了，而是

你們需要一種新的態度去對待時間，去對待過去、現在和未來。

多年來，男女之間的愛情觀一直存在著差異。普遍來說，男人更偏向於享樂主義的觀念。他們不渴望安定，期待充滿激情與刺激的感情，他們心中的理想情人是開放直率。相比於靜下心來去思考規劃未來，大多數男人更喜歡抓住當下，享受現在的每一分每一秒。

而女人則多屬於未來憧憬觀念。舉個例子，大學時期，男生可能會翹課去陪女孩逛街、吃飯，但女生卻會考慮今天的約會是不是會影響到自己的學習。

這種差異無疑具有一定的生存優勢，男女彼此互補可以使生活更加完美，同時，世界觀的不同還會導致兩人意見不合，引起衝突。比如，當一個家庭手上有了幾十萬的閒錢，男人可能會想用它來買車，但女人往往會主張存到銀行留給孩子，這就是因為世界觀的不同。

史坦伯格教授說道：「這也為我們解釋了為什麼同性戀人之間的衝突會少一些。因為女同性戀們會分享一個共同的未來時間導向，而男同性戀不會因為對方享受當下，不考慮未來而生氣發火。當然，我的愛情觀並不絕對。除了享樂的愛情觀和未來憧憬愛情觀外，還有其他的愛情觀導向。像積極的人，往往不會過於注重感情中的激情，他們將滿足與可靠視為理想伴侶的特徵。而消極的人，則會每天把前男友前女友掛在嘴上，喋喋不休地拿枕邊人與前任對比，抱怨自己曾經錯過了哪些浪漫情人。」（見圖 15-2）

圖 15-2　愛情讓人「盲目」

第十五章　史坦伯格講「愛情」

　　何超凡點點頭:如此看來,愛情觀的不相匹配,會讓情侶之間難以溝通,甚至產生誤解。現在,很多的女孩都會憧憬未來,跟男朋友描述自己夢想的家,並以此為目標去督促男朋友努力工作買大房子和跑車。

　　不過,要是這個女孩的男朋友剛剛大學畢業,事業心不是很重,目前為止腦子裡想的只是如何享受生活。那麼這倆人一定會為此事爭吵個不停,不是因為他們不夠愛對方,不夠關心對方,只是他們的愛情觀不同,使得他們站在了兩個完全不同的世界裡對話。

　　史坦伯格教授說道:「不錯,我給出的建議是,在交往之前,一定要先確定對方的世界觀是否與你的相一致。如果你可以弄清對方的愛情觀,這將讓你更加了解對方,而且為日後更好地解決分歧做好了準備。」

　　夏曉楠說道:「其實,分歧是可以解決的。一對情侶在發生爭執時,如果一個人在回想過去兩人怎麼甜蜜,埋怨感情變淡,而另一個人卻在糾結於未來兩人會不會分道揚鑣,還能否結婚。」

　　史坦伯格教授點點頭:「不錯,這種情況下,不管怎樣溝通也無濟於事。我們不能重造過去,也不能改變還未發生的未來,唯一能做的就是站在現在這個時間點上去思考,交流。一旦眼前的問題被解決,一對情侶才能繼續走得更遠,留下更美好的回憶。」

　　確實,何超凡心想,沒有哪一段感情是一路順風順水的,肯定要經歷一些考驗和磨練。誰都有缺點和小脾氣。維持愛情的關鍵並不是找一個愛情觀與你相符的人,這樣的做法只是減小產生矛盾的機率,而真正能使一段愛情走下去是依靠雙方的讓步和體諒。

　　不要總想從一段感情中得到什麼,愛的意義一直都是付出,不是索要。

無論是誰，在感情中都要面對一年新鮮，兩年熟悉，三年乏味，四年思考，五年計劃，六年蠢動，七年行動的挑戰。

　　史坦伯格教授說道：「對此，一位女士在先生出軌後留給我們大家的忠告是，戀愛雖易婚姻不易，且行且珍惜。」

第二節　你為什麼會害羞

　　「我們從史坦伯格教授身上學會了這麼多的心理學知識，現在，為什麼不請他來做一下自己介紹以便我們更好地認識他呢？」夏曉楠說道。

　　「大家好，我叫史坦伯格，我是一個……一個……人，天哪，我到底在說什麼，為什麼不說我喜歡看電影呢？算了，還是不說個人愛好了，我是……額……」

　　「史坦伯格教授，您怎麼了？」

　　「我……我害羞！」

　　噢，原來如此，面對這麼多的學生，史坦伯格教授害羞了。可能你對上述的情況深有體會，因為你也是害羞的一分子，也可能你會表示不屑，由於你天生就開朗豁達，喜歡與人交流，但是，實際上，害羞幾乎是每個人都經歷過的事情。（見圖 15-3）

　　日常生活中，超過 80% 的人表示他們體驗過害羞，而 40% 的人認為他們經常處於害羞中，意思就是你在大街上走著每遇到 10 個人，

人害羞的根源是很複雜的，但整體而言，所有人都會害羞！

圖 15-3　每個人都會害羞

第十五章　史坦伯格講「愛情」

其中有 4 個人現在正處於害羞的狀態。

那到底什麼是害羞呢？即使是研究害羞心理學的史坦伯格教授也無法給我們一個準確的定義。《牛津詞典》上對於害羞的解釋是很容易害怕，而《韋氏詞典》則將害羞定義為對別人的出現感到不自在。無論是哪一種解釋都描述出了害羞的特點，不過沒有一個是全面的。

史坦伯格教授說道：「我們研究得越細，就會發現害羞的種類越多，因為你會發現每個人的害羞都是不同的，有的人只是會偶爾感到輕微的不自在，有的人會莫名其妙地突然害怕與人交流或者在公開場合談話，甚至有的人害羞已經成為了心理問題，家裡一來客人就會害怕得躲到床底下或者把自己反鎖在屋子裡，由此可見，害羞是多樣複雜的。」

夏曉楠問道：「那麼為什麼我們會感到害羞呢？」

對於這個問題，不同學派的教授各持己見。人格特質學派認為害羞是一種遺傳特質，就像我們的身高和智力一樣。行為主義者則認為，害羞是後天教育的不足，他們沒有學會如何與人交往罷了。精神分析學家卻覺得害羞是個體潛意識下內心激烈衝突的一種外在表現。社會學家和一些兒童心理學家確信害羞是社會環境導致的普遍現象，我們應當習以為常，給予理解。社會心理學家又提出異議，認為害羞不過是被自己或者別人貼上的一個標籤，一種和性格一樣的特質。

總而言之，很遺憾，對於這個問題我們也無法統一答案。所以，我們只能具體情況具體分析。

對於第一種害羞是遺傳特質的觀點，透過調查，我們發現所有病態害羞的人生長於有著精神病、偏頭痛、憂鬱症、心絞痛患者的家庭，從醫學上，

我們可以認同害羞源於家族遺傳這種看法。

H 因分子就是可以用來衡量每個人是否害羞的遺傳分子。H 因分子分為兩種，H+ 和 H-。H+ 型的人往往在面對困難、挫折的時候表現出堅忍不拔的品質，比如羅斯福總統和丘吉爾首相就是兩個典型的 H+ 型。

相反，H- 型被命名為反應敏感者，也就是我們所說的害羞者，這類人面對挫折時會展現出高度的脆弱。儘管如此，但是人格特質的理論並沒有為我們解釋如何治癒害羞，甚至有的悲觀人格特質理論還表明不要嘗試去治療害羞，因為它是無藥可救的。

而第二種行為主義的觀點與第一種相反，他們認為只要對嬰兒的生長環境合理地加以控制，完全可以把一個害羞靦腆的 H- 型培養成活潑開朗健談的 H+ 型。行為主義學家把害羞歸咎於某些特點的環境會勾起我們不好的回憶，比如一個小孩曾經上課舉手發言卻導致全班的嘲笑，那麼下次教授再提問的時候他就不敢再舉手了，就算教授點名讓他回答，他也會唯唯諾諾，支支吾吾地說不出來一個字。

正是如此，在我們的童年中，長輩總會灌輸「童言無忌，小孩子懂什麼」之類的觀念思想，從而使我們覺得自己什麼事情也做不好，過早地學會了恐懼。

史坦伯格教授接著說道：「同時，行為主義的觀點對於害羞的治癒要有效得多，它從心理上讓害羞者擺脫了『天生失敗者』的陰影與宿命，讓他們看到了希望。」

精神分析學家相信心理困擾是本我、自我、超我三者之間不和諧的產物。所謂本我是人類最原始的衝動，像吃飯、排泄和性，超我是指良心、道

第十五章　史坦伯格講「愛情」

德監督和社會禁忌等，而自我就是在本我和超我之間尋找到的平衡點，害羞則是本我和超我不協調產生的衝突。

史坦伯格教授舉了個例子：

假如你是個男的，你愛上了你媽，自我的慾望驅使你去和你媽表白，而超我的束縛不允許你這麼去做，從此，你見到你媽就會表現得十分害羞。

圖 15-4　害羞

當然也有的精神分析學家認為害羞是掩飾嚴重精神障礙的一種外在表現。很多人內心覺得自己高人一等，鶴立雞群，不屑於和周邊的人交流，最終的表現形式就是害羞。（見圖 15-4）

史坦伯格教授說：「對於害羞這個問題，我曾經諮詢過一個大學生健康服務中心的主任。主任告訴我，平均每年有 500 名學生來諮詢有關孤獨的問題。如果 500 名同學同時來到診所，主任則會找到系主任或者宿管來詢問最近學校發生了什麼事情，讓這麼多學生產生孤獨感。由此可見，導致孤獨的原因是環境的變化，這就是社會學家和兒童心理學家的觀點。」

孫昱鵬說道：「在經濟高速增長和科技高度發達的情況下，搬家已經成了一種常見的事情。可是我們有沒有思考過，這種頻繁的遷移會導致越來越多的人喪失歸屬感，將小孩子剛剛建立起來的交際圈摧毀，使得他們面對環境的屢次改變而不敢交流，把自己隔離起來。」

史坦伯格教授點頭：「不錯，更何況現如今每家每戶都是獨生子女，鄰里之間的交流也不如以前四合院時代那麼親密，顯然，在這類社會環境中長大的孩子極其容易變得害羞。同時，嚴厲的父母和教授也會讓小孩變得不自信，因為害怕做錯事而害羞了起來。面對種種原因和多樣的害羞情況，家長和教授們需要更加小心地去引導幫助孩子。在此，有一個很好的例子值得我

們去分享。」

史坦伯格教授舉例：喬治是一個患有小兒麻痺症的孩子，他 4 歲的時候就需要依靠腿部支架去走路，家裡每次來街坊親戚的時候，他都會鑽到床底下或者沙發底下，不願意見人。

喬治的母親認為他應該和同齡的孩子一起玩耍，為了克服他的害羞，母親把喬治送到了公立學校，那時喬治已經不用腿部支架了。上學的第一天，喬治一直在哭泣，喊叫，一有人看他，他就把頭低下來。

後來，喬治的母親想了一個很有趣的方法。她把一個棕色的購物袋做成了面具，剪出了眼睛、鼻子和嘴巴，還塗上了好看的顏色。喬治十分喜歡這個面具，並且願意帶著它和別人交流。教授對於喬治媽媽的方法十分贊同，還告訴班上別的孩子不可以摘下喬治的面具。

這個面具幫了喬治很大的忙，他不需要再隱藏自己了，漸漸地，他和其他的孩子越走越近，甚至一起玩耍。一年後，儘管喬治還帶著那個面具，但是他變得自信起來。一次聯歡晚會，教授問他想不想做表演隊的隊長，喬治興高采烈地點了點頭，激動地上蹦下跳的。

教授說，表演隊的隊長不可以戴面具的，只能穿精美的服裝，戴著高高的帽子，所以你可以摘下你的面具嗎？喬治毫不猶豫地答應了。雖然他並不是特別外向，但是他不再像以前那樣害羞，害怕見人。

第三節　上癮是怎麼一回事

孫昱鵬突然問道：「對了！史泰論教授，我有個問題，就是不管打遊戲還是喝酒，都特別容易上癮。這是怎麼回事啊？」

第十五章　史坦伯格講「愛情」

　　史坦伯格教授笑了笑，從古至今，酒就與我們的生活息息相關，不光應酬聚會需要喝酒，文人義士更是嗜酒如命。從「公田之利，足以為酒」的五柳先生，到捨棄「五花馬，千金裘」只換美酒消「萬古愁」的李白，再到命途多舛，「沉醉不知歸路」的李清照，足以看出他們對於酒是上癮的。

　　除酒之外，我們對於香菸、網遊也是十分容易上癮的。這裡指的上癮不是那種吃冰淇淋、看書之類的上癮，而多是一些負面的情節。儘管我們都了解酒精、尼古丁和網遊對我們的心靈、身體以及生活都有可能造成不良的後果，但是在面對誘惑時，這些抽象的道理往往顯得蒼白無力。這些人嚴重缺乏憂患意識，目光短淺，覺得自己的行為不會帶來可怕的後果，就算有也會不負責任地抱有僥倖心理。

　　史坦伯格教授說道：「對於上癮這種現象，我把它歸類於享樂觀和宿命觀。」

　　這種享樂觀我們每個人都有過，在工作結束、朋友重逢、有喜事發生的時候，每個人都會不由自主地選擇去喝一杯，考完試之後會有通宵打個遊戲的想法。這都是正常的，處於可理解範圍之內的，不能被稱作是上癮。

　　相反，有的人嗜酒如命，就算丟了工作也要喝個痛快，或者為了遊戲升級而耽誤了學校的課程。這種人的未來時間觀很差，相比於花時間思考未來，他們更願意把自己的時間精力花費在享樂上面。（見圖 15-5）

圖 15-5　嗜酒如命

陶淵明就是如此，他淡泊名利，喜愛田園生活，對生活坦蕩從容，一直都是無憂無慮的。詩仙李白也是這樣，主張「人生得意須盡歡」，李白身上的銀子幾乎全都花在買酒這件事上面了。

而那些宿命主義者則多執有一種破罐破摔的消極心態。他們肯定自己的生活已經沒有希望，把希望和未來託付給未知的命運。他們逃避現實，不熱愛工作，每天只是借酒消愁。很多人喝酒上癮都可以歸根於此。

南宋的辛棄疾總想收復失地，可惜昏君當道，只能嘆息一聲「憑誰問，廉頗老矣，尚能飯否？」對於命運的無奈，辛棄疾唯有借酒消愁。李清照更是如此，本來就愛酒，在丈夫死後，整日渾渾噩噩，以酒度日。

無論是享樂觀還是宿命觀，上癮又是怎麼一回事呢？

這事需要從人體的生理結構說起。我們都知道人體內的四種「快樂素」，即產生快感的「多巴胺」，帶來激情的「去甲腎上腺素」，負責取樂和鎮痛的「內啡肽」，還有幫助我們克服困難的「催產素」。通常情況下，快樂素的分泌是非常少的，所以大多時候我們心情平靜。

史坦伯格教授說道：「只有當我們完成了任務才會增加快樂素的分泌，讓我們感到喜悅和滿足，同時快樂素分泌的多少和任務的難度係數是成正比的。換句話說，你付出的努力越多，工作越難，任務量越大，最後你感受到的快樂也就會越多。正因如此，我們才會願意去堅持完成艱巨的工作。

　　而酒精的作用就是與神經元細胞上的蛋白結合，改變細胞膜的內外電位，從而打開快樂素的大門，這樣一來，我們無須經過艱苦的奮鬥就能感受到極大的快樂喜悅。而人們對酒精上癮的根本原因就在於此。」（見圖15-6）

上癮的根源在於精神獎勵，是我們完成某項「任務」之後，獲得了來自於精神的刺激。

圖15-6　人為什麼會上癮

　　由於正常情況下，人體不會大量頻繁分泌快樂素，這樣使得我們的大腦對於快樂素可以保持高度敏感，一點點微量的快樂素就可以讓我們高興很久，這樣我們才會有動力去實現長期的目標。

　　而長期飲酒導致我們不用特別努力就可以獲得快樂，我們深深地沉迷於這種快樂之中而貪杯，可是酒精同時也會使快樂素加速消耗，一旦停止飲酒，人體平時正常合成的快樂素的量不足以維持快樂素的消耗，導致血液中的快樂素含量比正常情況下還要低。

　　這時，我們的身體已經適應了高含量的快樂素，而正常含量的快樂素不能讓大腦滿足，我們只有依靠酒精帶來的快樂素去滿足身體的需要；同時，如果大腦無法得到快樂素的安慰，我們就無法恢復平靜，變得性情狂躁，感到痛苦。到最後，嗜酒的人喝酒不再是為了尋找快樂，而是去躲避不飲酒的痛苦。

　　尼古丁、網遊、毒品都是如此，最開始可以麻痺我們的神經讓我們感到極大的快樂，可是安靜時身體無法得到滿足便又去抽菸、喝酒、打遊戲甚至吸毒，時間一長，最初的快樂會變成長期的痛苦，只能依靠這些東西來消除

身體的痛苦，變成戒不掉的癮。」

　　夏曉楠點頭：「是呀，很多學校、機構發起了反成癮活動，試圖幫助青少年擺脫喝酒、抽菸、網遊帶來的困擾，不過情況並不是十分樂觀，儘管這些機構投資巨大，卻沒有什麼實際效果。原因很簡單，這些學校、機構主要注重於反覆地強調吸菸喝酒網遊帶來的嚴重後果，而這些對於那些上癮者是毫無作用的。」

　　史坦伯格教授說道：「所以，若真想擺脫上癮，只有在日常生活中，透過努力工作去重新找回快樂和滿足感。」

　　隨著科技的發展，現在的年輕人刷微博，刷人人網，刷朋友圈上癮，這又是怎麼一回事呢？其實和酒精上癮的原理一樣，微博、人人網、朋友圈上普遍以笑話和搞笑的圖為主，很多人閱讀時也會分泌快樂素，只是沒有酒精使我們分泌的那麼多而已，還有人表明吐槽也會產生快樂素。

　　史坦伯格教授說道：「不過，刷微博不像喝酒、吸毒、抽菸那樣對身體有害，它所帶來的傷害是無形的，許多青少年一天到晚捧著手機，走路上課都在刷微博，晚上 10 點鐘上床，然後玩手機玩到 12 點再睡覺。由此可見，手機占用了我們太多的時間。請放下手機，多陪陪家人和朋友。」

第十六章
津巴多講「時間」

　　本章透過三小節，為讀者講解了三觀之外的心理學觀念 —— 時間觀，作者使用了輕鬆幽默的文字，與讀者一起徜徉在心理學的海洋。本章適用於渴望提高心理學能力的讀者。

菲利普・津巴多
（Philip Zimbardo）

美國心理學家、史丹福大學教授。

津巴多畢業於耶魯大學，主要研究領域為社會心理學。最廣為人知的是他在史丹福大學進行的監獄實驗，他以此證明了環境和社會角色對於人心理的影響是巨大的。

津巴多另一個廣為人知的事跡是他與石溪大學的認知心理學教授理查・葛利格合作，編寫了心理學教材《心理學與生活》，這部教材至今仍是心理學教育應用最廣泛的教材之一。

第一節　你的時間觀是什麼樣的

張棟興舉著手機，對夏曉楠嚷嚷道：「哎，現在這些新聞真是毀三觀！」

津巴多教授突然出現在張棟興身後：「面對形形色色的行為，我們常說毀三觀這個詞。這裡的三觀指的是人生觀、價值觀、世界觀。可是你知不知道還有一種叫做時間觀？透過前幾章，我們了解到性格決定人生，環境決定人生，可是你知不知道時間觀也會決定我們的人生？下面，就讓我們帶著對於時間觀這個詞的疑問來走入我的小課堂！」

津巴多教授把人的時間觀分為過去時間觀、現在時間觀和未來時間觀三種。

第十六章　津巴多講「時間」

　　許多人認為我們的記憶系統記錄了發生過的事情，但實際上，記憶可能並不是完全真實正確的，不過這種我們認為的真相往往比客觀的真相要重要很多。過去發生的每一件事對於我們現在的性格、觀念都有著巨大的影響。（見圖 16-1）

　　津巴多教授繼續說道：「同樣，現有的性格、觀念又會反過來改變我們的記憶。閉上眼睛，挖掘一下你內心深處的記憶，再根據津巴多教授的時間觀進行思考，你會發現

記憶不是恆久不變的，當下的性格、觀念又會反過來改變我們的記憶。

圖 16-1　記憶是會被改變的

過去的事情和你現在的樣子有著一些可能你自己都沒有注意到的關聯。美劇《追愛總動員》裡的情節就很好地證實了這一點。」

　　劇中的巴尼是一個出了名的花花公子，他帥氣自信，對自己泡妞把妹的手段深感驕傲。其實，在很多年前，巴尼是一個連和女孩說話都不敢的木頭腦袋。直到有一天，在他弟弟的鼓勵下，他大膽地約了一個女孩出去。

　　約會結束後，女孩誇讚他說你是我見過最出色的男人，沒有人可以像你一樣討女孩歡心。從那以後，巴尼就認為自己天生就有和女孩相處的能力，再也不外向，開始四處泡妹子。可是，事實並不是那樣。巴尼第一次約會的女孩之所以那麼說是因為巴尼的弟弟賄賂她去給巴尼一點信心。

　　對此，津巴多教授說道：「你對發生過的事的態度和看法遠遠比這件事本身對你的影響要大。儘管已經發生的事情是無法改變的，但是我們對於過去的態度是可以改變的。根據這一點，過去時間觀被分為積極的過去時間觀和消極的過去時間觀。如果你的過去時間觀是消極的，那麼你很容易回想起

以前那些不美好的事，從而使你心情低落，消極。調查表明，對過去持有樂觀積極態度的人往往比那些對過去消極的人要更快樂，更健康，更成功。不過，那些對過去表現出積極態度的人要注意，不要過分沉迷於昔日的美好時光而不願意改變現狀。」

　　看著大家若有所思的樣子，津巴多教授問道：「現在給你 100 塊和下周給你 150 塊，你會選擇哪一個呢？」（見圖 16-2）

　　孫昱鵬立馬伸出手，說道：「選第一個！」

圖 16-2　時間與選擇

　　津巴多教授笑咪咪地說：「如果你選擇第一個，無疑你是一個現在時間導向的人。面對生活中的多邊性，未來變得深不可測，今日剛存入銀行的錢可能明天就因為一場通貨膨脹而化為烏有，或者你剛出門就被一輛迎面而來的卡車撞致身亡。既然如此，我們為什麼不抓住當下，及時行樂呢？」

　　這種想法屬於享樂主義的現在導向。津巴多教授的實驗證明，嬰兒是天生的享樂主義者，因為嬰兒的意識還未發育，對於過去自然沒有感知，對於未來更沒有想法，有的只是當下的生理需求，比如，喝奶，睡覺。

　　不光是嬰兒，很多剛畢業的大學生也是如此，由於他們更注重於花費時間金錢去享受生活，而不是為未來做打算，雖然找了一份高薪的工作，但依

第十六章　津巴多講「時間」

舊是一個月光族。除此之外，教育程度不高的人大多數也屬於享樂主義的現在導向。他們知識上的限制導致無法準確地透過歷史經驗來預測未來，所以往往會侷限於眼前。

不過，無論是哪一種現在享樂主義的人，他們都極力追求快樂、刺激，生活中都圍繞著令人興奮、愉快的事情。

與享樂主義不同的另一種現在導向叫做現在宿命主義。這一類人的主要精神思想就是「命運不由我」。由於長期受到生活的壓迫外加從未時來運轉過，很多人開始產生「無論我再怎麼努力，結果也就這樣了」的想法，他們缺乏反抗精神，沒有資本卻一直期待命運之神的眷顧。

津巴多教授說道：「讓我們再回到剛才那個話題，如果你選擇下周給你150塊，那麼你屬於未來時間導向。未來和過去一樣，都是我們無法改變的。相比於回憶，未來更像是一種心理狀態，集合了我們的希望、渴望、慾望，等等。」

未來時間導向的人通常情況下會拒絕那種今朝有酒今朝醉的想法，會把大部分的時間、精力用去給未來創造更多的價值，和現在享樂主義是完全不同的兩種人。他們是天生的工作狂，會根據現實情況去推測未來，根據對未來的估計來左右當下的行動和思想。

其實，還有一種人屬於超未來時間導向。他們關心的不是過去，不是現在，也不是未來，而是人死去後要進入的世界或者來生轉世一類的。

這類人中的一部分會處處行善積德，為的不是得到他人的回報，而是死後可以進入天堂。他們認為人生來就是有罪的，我們需要經歷許多的苦難來擺脫身上的罪行。當然還有另一類人，就比較恐怖了，就是我們常說的自殺

式恐怖主義的人。他們捆著炸藥走到人員密集的地方再引爆，或者往自己身上澆油在公共場合自焚。

這類人中的一大部分都是由於環境的不幸和心靈的脆弱而被宗教洗了腦，真的相信了天堂地獄以及來世的這種說法，屬於典型的宿命論者。以色列曾經逮捕過一個自殺引爆者進行詢問，他對於自己做法的解釋是「精神力量會使我們進步，而物質力量只會使我們退步，自殺的人就不會受物質力量的影響了。」

津巴多教授分析，這類人有著強烈消極的過去時間觀、強烈的現在宿命主義觀以及微弱的未來時間觀。死後具體有什麼對於我們的影響不大，真正有影響的是我們對於死後生命延續這個觀點的看法。

津巴多教授總結：「三種時間觀介紹完了。每一種時間觀都對我們的生活有著利和弊兩方面的影響，對此，我們需要不斷地調整自己的心態，改掉消極的東西，樂觀地面對生活。」

第二節　著名的監獄實驗

津巴多教授說道：「你們都經歷過軍訓吧。站軍姿，踢正步，吃飯前唱軍歌，儘管你們很清楚自己並不是一個真正的軍人，但在軍營中依舊會以軍人的標準來要求自己，對嗎？」

大家紛紛點頭表示贊同。

「有沒有想過，如果把你放到監獄裡像犯人一樣地被看管，吃牢飯，或者讓你當一回看守，你的內心會不會變得和真正的犯人一樣，心懷愧疚，覺得自己低人一等，又或者和電視裡的看守一樣，無情殘忍？還是你會無動於

第十六章　津巴多講「時間」

衷，單純地做自己本來的樣子？」

　　為了探究社會環境對我們行為的影響究竟有多深，以及社會制度能否真正地控制我們的行為、人格、價值觀念和信仰，津巴多教授就做了一次這樣的監獄實驗。

　　「我在報紙上發布了一則廣告：尋找大學生參加監獄生活實驗，酬勞每天15刀（相當於今天的75刀），期限為兩週。然後，我從70名報名者裡透過一系列的醫學測試和心理學測試，挑選出24名身心健康、遵紀守法、情緒穩定的大學生。他們被隨機分成了三組，9名看守，9名罪犯，6名候補。」

　　為了讓實驗顯得更加真實，1971年8月14號的早晨，天空剛泛起了魚肚白，9名遵紀守法的大學生就從床上被拉了起來，警察分別向他們宣讀了逮捕令和憲法賦予他們的權利，然後搜身並給他們戴上了手銬。經過一個小時的登記、拍照和留指紋之後，這9名大學生被蒙上了眼睛，押送到了史丹福大學的模擬監獄中。

　　在監獄裡，他們被脫光了衣服，身上噴灑了消毒劑，穿上印著身分號碼的囚服。從那以後，他們便失去了自己的姓名和公民的身分，戴著手銬腳鐐，沒有人再叫他們的名字，而是叫「647」「918」或「5707」之類的代號。

　　而那9名被選作看守的大學生則是一身帥氣筆挺的卡其制服，腰裡揣著警棍、手銬，胸前掛著口哨，戴著黑色的雷朋太陽鏡。儘管沒有經過任何專門的職業訓練，他們只是從電視、報刊上見過看守的樣子，但這9名看守絕對可以以假亂真。

　　津巴多教授告訴他們看守的職責就是「維持監獄法律和秩序」，不要把「罪犯」的胡言亂語當回事，例如，「罪犯」說禁止侵犯人權之類的話，但是不

可以使用暴力去維持監獄秩序，同時所作所為還要盡可能地真實。

　　僅僅過去了一天，看守們就實施了第一次懲罰。如果誰忘記指示或者床鋪整理不合理，就要做 10 個、20 個甚至 30 個俯臥撐。不料，囚犯們都把自己關在牢房中，拒絕接受體罰。可以揣測，這些大學生一定在想，我又不是真正的罪犯，只是來這裡做實驗的，為什麼要聽你的話。他們還撕掉囚服上的編號，拒絕服從命令，希望取消看守。整個監獄裡面瀰漫著十分緊張的氣氛，面對囚犯的反抗，看守們也施展出了對策。他們用滅火器噴射囚犯，將他們赤身裸體地鎖在床腿上，甚至關禁閉。很快，這樣的懲罰超出了囚犯忍受的極限，一名囚犯開始失聲痛哭，大喊「我受不了了」。津巴多教授被弄得不知所措，只好讓他退出了實驗。

　　經過了前一日的對峙，監獄裡面臭氣熏天，骯髒無比，囚犯們也死氣沉沉的。為了懲罰不聽從命令的人，看守不允許他們上廁所。為了讓實驗顯得更加真實，津巴多教授告訴看守們，昨日被放出的那名囚犯企圖幫助獄友們越獄。這一消息無不使監獄裡面的緊張氣氛升至白熱化。看守們一個個草木皆兵，高度警惕，囚犯們激動無比。

　　第三天，監獄裡面緊張的氣氛依舊。看守們的懲罰措施越來越別出心裁，他們開始強迫犯人玩跳山羊，背著自己的獄友做俯臥撐。這時，又有一名犯人出現了嚴重的歇斯底里症狀，津巴多教授趕緊釋放他。在這三天中，這已經是第五個退出的。

　　實驗繼續，看守們花樣百出，更加肆無忌憚地折磨囚犯。看著這一幕幕殘忍的情景，津巴多教授的信心也在動搖，直到他發現看守們在強迫兩名囚犯模仿動物交配時，他立馬下令終止實驗，比預期計劃早了 9 天。

　　為什麼六天時間就可以讓 9 名身心健康、遵紀守法、有文化的大學生變

第十六章　津巴多講「時間」

成了慘無人道的看守警察？

　　事後實驗中的一名看守自述，「我一直在想，我必須看住他們，以免他們做壞事」。還有的看守表示，「一旦你穿上制服，就好像開始扮演一個角色，你不再是你自己，你的所作所為要與你扮演的角色所代表的職責相匹配。」

　　而囚犯們也表示，在實驗的第三天，他們真的覺得低人一等，無法改變現狀。就像我們軍訓時會把自己當成一個真正的軍人一樣，他們入戲了，把自己當成了囚犯。環境的壓力，的確能改變很多東西，可以讓9個好人乾出可怕的事情來。就像上帝最寵愛的天使路西法也會變成墮落的惡魔「撒旦」一樣。

　　津巴多教授說道：「這個實驗解釋了我們生活中的很多問題。由於對於自己角色的認識，我們會過度服從他人的安排。比如，一個護士可能覺得醫生開出的劑量遠遠大於規定的劑量，卻因為職業的原因而不敢提出異議；25%的飛機失事都是源於副機長過度服從機長的錯誤判斷。」（見圖16-3）

人的行為乃至於心理，是會隨著扮演的社會角色變化而變化的！

圖16-3　社會角色影響人的心理

　　當然，津巴多教授還是樂觀地指出，透過我們自身的意志力，我們可以抵制住周邊環境的壓力，廢奴主義者馬丁路德金就是一個很好的例子，在黑人受到美國人深度歧視的時候，他站出來帶領大家討回黑人本該有的權利。

　　「履行職責這的確是我們的義務，但很多時候，還是需要我們根據具體的情況來靈活地改變原來的做法，或是堅持內心的想法，保持一顆積極的心。」津巴多教授說。

第三節　哪個國家的人最樂於助人

津巴多教授說：「一位社會心理學家讓普林斯頓大學神學院的學生去準備一篇有關好撒瑪利亞人的演講。好撒瑪利亞人出自基督教《新約聖經》裡面的一個寓言，一個猶太人被強盜打劫，受了重傷，無力行走，只好躺在路邊。很多人路過但卻不聞不問，冷酷地走掉，最後被一個撒瑪利亞人看到，並好心地出錢把他送到旅店。在那個時代，撒瑪利亞人深受猶太人的蔑視，可這位撒瑪利亞人卻不顧這些隔閡去幫助他。後來好撒瑪利亞人用來比喻那些樂於助人的人。」

夏曉楠說道：「是呀，不錯，我聽過這個故事。普林斯頓大學神學院的學生也將陷入類似的處境。每一個從準備室走去演講廳的學生都會遇到一個跌倒在走廊裡咳嗽不止的陌生人。顯然，這個人是急需幫助的。在沒有他人的情況下，所有的學生都將面對同樣的一個問題：是停下來，像好撒瑪利亞人那樣伸出援助之手，還是置之不理，去完成那篇《好撒瑪利亞人的重要性》的演講。」

津巴多教授說道：「不錯，大多數有著充分演講時間的學生都會選擇去幫助這個陌生人，然而，值得我們注意的是，90% 的將要遲到的學生卻沒有停下來給予別人幫助。因為他們以未來時間作為導向，滿腦子想的都是不要誤了演講，雖然他們是來自神學院的學生。這樣的舉動明顯與他們的職業不相符，他們既然選擇神學院就表明他們將要為他人奉獻一生，理應去幫助那些受苦受難的人群。」

津巴多教授對於這個實驗中的學生行為上的差異給出的解釋是對時間的掌控不同，那些願意為陌生人提供幫助的學生往往都有著充分的演講時

第十六章　津巴多講「時間」

間，而那些大步走掉的學生卻面臨著快遲到
的危險。

一個微妙的時間上的差異，會導致人們行為的不同，促使一些人做出了可能連他們自己都覺得過分的事情。

圖 16-4　時間與行為

正是一個微妙的時間上的差異，導致他們
行為的不同，促使這些學生做出了連他們自己
都覺得過分的事情。不過，現實社會遠比這項
實驗要複雜得多。津巴多教授從這一點入手，
為我們講述了不同的生活節奏與是否樂於助人
的關係。（見圖 16-4）

以美國為例，波士頓、紐約和華盛頓這些
東部城市的生活節奏是最快的，南部和西部的
城市則相對較慢，而加利福尼亞州的洛杉磯是生活節奏最慢的城市。

同時，根據調查，津巴多教授為我們列出了這些城市中的人做以下事情
的可能性：把人們不小心丟失的鋼筆歸還，幫助腿上打石膏的人撿起掉落在
地上的雜誌，扶盲人過馬路和幫助陌生人換零錢。

結果和剛才的好撒瑪利亞人的心理實驗一致，在生活節奏最快的城市裡
面，人們最不樂意為他人提供幫助。紐約州的羅切斯特市在美國東北部，生
活節奏較慢，被評為全美最樂於助人的城市，而紐約市在生活節奏榜上排名
第三，是全美最冷漠，最不願意為陌生人提供幫助的城市。

另一點需要我們注意的是，加利福尼亞州的城市往往生活節奏不是那麼
快，但依舊拒絕給別人提供幫助。由此可見，生活節奏慢是樂於助人的一個
必要條件，但並不是一個充分條件。他們可能有時間去幫助別人，但他們更
願意去幫助自己。

津巴多教授說道：「讓我們再來看另外一個例子。2012 年 1 月，匯豐銀

行為了確保自己的產品可以滿足當地居民的需求而發布了僑民調查表，分別各國詢問了那裡的移民與當地居民建立友誼、學習當地語言、融入當地社區以及適應新環境新文化的難易程度，而且還根據調查的情況製作出了一個『哪個國家的居民最幸福』的排名。」

津巴多教授笑咪咪地告訴大家，結果出乎意料，位居榜首的居然不是像美國、英國這些有著高級科技和豐富機遇，可以讓年輕人大展身手的國度，而是紐西蘭。

無論是移民還是當地居民，他們總體的幸福指數高得驚人，這就要歸功於紐西蘭這片土地上的種種優點。比如，當地政府的高質量服務，完善的醫療保險系統，低廉的物價，等等。

正是由於這些因素，紐西蘭居民的生活節奏很慢，他們無須花費太多精力、時間在生存上，可以安逸、舒適地享受生活。生活在這樣一個環境中，居民的幸福指數怎麼可能會不高呢？

而排名第二的是中國人移民率最高的澳大利亞。眾所周知，澳大利亞人民有著十分悠閒的生活方式，非常慢的生活節奏，在別的國家的居民在埋頭工作，為了下個月的生活費而絞盡腦汁、筋疲力盡時，澳大利亞的人卻在悠閒地陪家人散步，聊天，釣魚。他們的業餘生活遠遠要比工作豐富多了。移民的幸福指數自然也無須擔憂。

除了紐西蘭和澳大利亞之外，南非居民的生活在幸福、舒適這方面也是數一數二的。那裡的移民表示南非各族群的融合以及自由的社會氣氛讓那裡的生活也變得十分輕鬆。

另外，南非，尤其是開普敦這個城市，還囊括了世界頂級餐館和備受讚

第十六章　津巴多講「時間」

響的葡萄園，無疑，這些條件為南非成為一個備受歡迎的移民國家打造了良好的基礎。

津巴多教授說道：「介紹完了排名的前三甲之後，我們要思考一個問題，就是這個幸福指數排名與樂於助人之間的連繫。」

多數情況下，我們拒絕幫助別人是因為兩個原因：害怕被敲詐和沒時間。近幾年，無論是新聞聯播、微博還是春晚小品，都在反映同一個問題——幫不幫。看到一位老人摔倒在地上，你幫不幫？如果不幫，你將會受到良心的譴責；但是，如果你伸出了援助之手，很有可能你會被誣陷，甚至還要賠上一大筆錢。（見圖16-5）

圖 16-5　扶不扶

可是，由於紐西蘭、澳大利亞和南非都有著非常人性化的法律和社會福利。這一點不但表明那裡的居民不會因為害怕被誣衊而對需要幫助的陌生人睜一隻眼閉一隻眼，而且間接地告訴我們，三個國家裡的居民根本無須為生存擔憂，更不會像中國某些老人一樣為了錢財而去陷害好人。

從賓夕法尼亞大學的那個好撒瑪利亞人的實驗中，我們還了解到，一個人會因為時間緊迫而忽略那些正需要幫助的人。在像中國、美國這樣的國家中，可能會有人為了一套房子而省吃儉用好幾年，每天為了工作而朝風暮雨。

而在紐西蘭、澳大利亞和南非這三個國家中，人口和麵積的比例相比於一些發達國家要低很多，失業率低，醫療保健和社會福利系統健全，享有著極低的犯罪率和貧困率。而且澳大利亞和紐西蘭跟世界的其他部分相隔甚

遠，這就表明他們也會遠離很多壓力和競爭。

　　津巴多教授說道：「依照時間心理學，這三個國家的人都處於享樂的現在時間導向，因為他們不用為衣食住行發愁，錢永遠夠花，所以當你無須匆匆忙忙地去趕地鐵、想工作的時候，遇到了路邊有困難的人，為何不停下來去給予幫助呢？」

　　匯豐銀行的調查還顯示了，根據最友善的國家排名，印度已經連續兩年墊底了。對於絕大多數外國人來說，印度是一個冷酷無情的雷區，光是日常生活就充滿了各種挑戰。我們在電影《貧民窟的百萬富翁》曾經一睹印度的風采。

　　遊客開車去印度旅遊，一轉眼整個車被大卸八塊，輪子、方向盤以及所有可用的東西全被偷走了，見此情況，那個十幾歲的導遊小孩直接被上司一拳揍到地上。印度嚴峻的氣候環境和密集的人口直接導致當地居民需要面對很大的競爭壓力，更何況印度還是一個發展中國家。

　　當一個國家中將近一半的人都處於食不果腹的情況下，誰還有心去關注你的生死存亡呢？就更不用提樂於助人之類的詞語了。印度的人民大多數處於未來時間導向，他們思考的都是明天的錢該怎麼辦？食物從哪裡來？無心，也無力去幫助他人。

　　津巴多教授說道：「現在，我們對各個國家樂於助人的情況應該有了一個大致的了解，是不是已經開始考慮要換個城市或國家生活了？其實，一個國家樂於助人與否並不是關鍵，最重要的是你期待的生活是什麼樣子的。若你生來就喜歡安逸、輕鬆的生活，可以選擇那些生活節奏較慢、壓力小的地區；相反，若你熱愛挑戰，喜歡追求刺激，想過大起大落的生活，就去那些有著高標準、高競爭壓力的地區。」

第十六章　津巴多講「時間」

　　津巴多教授鞠了一躬，說道：「好了！今天的課程到此結束。各位，希望你們都透過對心理學知識的學習變得快樂。再見！」

心理學哪有這麼懸

經典理論、刺激實驗、日常案例，十六位心理學大師用最風趣的語言與你來場親密對話

作　　者：陳玉新

發 行 人：黃振庭

出 版 者：崧燁文化事業有限公司

發 行 者：崧燁文化事業有限公司

E-mail：sonbookservice@gmail.com

粉 絲 頁：https://www.facebook.com/
　　　　　sonbookss/

網　　址：https://sonbook.net/

地　　址：台北市中正區重慶南路一段六十一號八
　　　　　樓 815 室

Rm. 815, 8F., No.61, Sec. 1, Chongqing S. Rd., Zhongzheng Dist., Taipei City 100, Taiwan

電　　話：(02) 2370-3310

傳　　真：(02) 2388-1990

印　　刷：京峯彩色印刷有限公司（京峰數位）

律師顧問：廣華律師事務所 張珮琦律師

國家圖書館出版品預行編目資料

心理學哪有這麼懸：經典理論、刺激實驗、日常案例，十六位心理學大師用最風趣的語言與你來場親密對話 / 陳玉新著 . -- 第一版 . -- 臺北市：崧燁文化事業有限公司，2022.03
　面；　公分
POD 版
ISBN 978-626-332-149-6(平裝)
1.CST: 心理學
170　　　111002322

電子書購買

臉書

定　　價：350 元

發行日期：2022 年 03 月第一版

◎本書以 POD 印製